À LA RECHERCHE DE L'HUMAIN

Publications
TRANSCONTINENTAL inc.
Division des livres
465, rue Saint-Jean
9ᵉ étage
Montréal, Québec
H2Y 3S4
(514) 284-0339

Photocomposition et mise en page :
Ateliers de typographie Collette inc.

Impression : Interglobe inc.

Dépôt légal – 4ᵉ trimestre 1992
Bibliothèque nationale du Québec
Bibliothèque nationale du Canada

ISBN 2-921030-40-3

À LA RECHERCHE DE L'HUMAIN

JEAN-MARC CHAPUT

Publications
TRANSCONTINENTAL
inc.

Dédicace

Ce livre est dédié à celle qui m'a accompagné pendant les deux tiers de ma vie, me faisant grandir en étant, pendant quarante ans, l'amie, l'amante, la mère des enfants, l'épouse.

À Céline (maman pour les intimes) qui a su être là aux temps heureux et aux temps difficiles, ce résumé de nos nombreuses conversations au déjeuner!

Table des matières

Préface

J'ai lu avec beaucoup de plaisir la biographie de Marguerite Yourcemar publiée au cours de l'année 1990.

Cette femme étonnante a passé sa vie à écrire, mais surtout à réécrire des œuvres qu'elle avait écrites plusieurs années auparavant. Elle reprenait l'histoire de tel personnage et la réinventait sous un angle nouveau à partir de nouvelles expériences qu'elle avait vécues ces dernières années.

Ceci m'incita à reprendre «À la Recherche de l'humain!», un livre qui, publié en 1989, n'a pas eu une très grande diffusion. Et pourtant à le relire, les idées, les exemples me semblaient valables, mais déjà j'ai fait un saut en avant: je suis rendu plus loin.

Oh! pas que je délaisse l'idée de partir à la recherche de l'humain. Bien au contraire, encore plus qu'auparavant, le désir de découvrir l'homme complet, le désir de revenir à la base de la société, c'est-à-dire la recherche du bonheur de l'homme m'obsède et réapparaît dans chacune de mes conférences.

Sauf que le thème de cette recherche s'est approfondi! J'ai trouvé de nouvelles images, de nouvelles histoires qui illustrent mieux ce qui depuis des décennies me hante: où est l'humain dans ce monde de machines, de robots, d'ordinateurs, de systèmes intégrés. Y a-t-il encore place pour un sourire, y a-t-il encore place pour l'idée de rendre service, pour l'idée d'aider l'autre ; le concept aimer, ou mieux le sentiment d'aimer, existe-t-il toujours dans notre univers si froid et si rationnel ?

Comme en 1989, je veux défendre ces entreprises, ces organisations qui oublient leur « retour sur le capital investi », leur « retour par pied carré » et pensent à aider un client avant tout. D'ailleurs elles n'ont pas à être prises en charge par moi-même ces entreprises ! Elles sont les organisations qui survivront et prospéreront dans ce monde de plus en plus global. Ce sont elles qui me donnent espoir en l'humain qui malgré son manque de respect pour tout ce qui l'entoure saura trouver les solutions qui sauveront la planète.

Je tenais à raconter mes plus récentes histoires, telles celle de cette jeune entreprise anglaise qui en quatorze ans a su prospérer dans 37 pays en opérant des boutiques de cosmétiques : elle s'appelle « Le Body Shop ». Sa fondatrice, Madame Anita Roddick, disait que toute sa recette en affaire, résidait dans un simple mot : naïveté. Elle aurait pu dire amour, dans le sens de respect, dans le sens de « caring », en anglais. En effet, elle disait : « Mon succès, je le dois au peu de connaissances des affaires que je possédais au tout début de mon entreprise. J'étais tellement naïve que je ne savais pas qu'il fallait gourer les gens (*Bull shit your way around*) et raconter des mensonges. J'ai donc dit toute la vérité. »

Je tenais à reprendre les idées du livre « À la recherche de l'humain » et à les incorporer dans le plus grand thème d'une société, *dois-je* le dire, qui s'aime, qui se respecte, d'une société qui valorise l'homme unique, l'homme marginal. C'est encore à la recherche de cet homme rare que ce livre est consacré.

Les questions vitales

QUE VOULEZ-VOUS ?
QU'ATTENDEZ-VOUS DE LA VIE ?

C'est une bien grande question pour reprendre quatre ans plus tard ce livre et laisser la question au tout début de ce livre révisé et augmenté de notes de l'auteur, comme on disait jadis. Je dépasse la soixantaine, et j'ose espérer avoir pour moi un début de réponse. Ce n'est pas aussi facile que l'on serait tenté de le croire. En plus de vingt ans de métier comme conférencier à travers le Québec, le Canada et les États-Unis, je n'ai cessé d'interroger les gens, les gens très instruits autant que les gens simples, et nulle part la réponse n'est venue avec la clarté et l'assurance d'une conviction.

Je me suis demandé alors si la meilleure façon d'obtenir des réponses claires n'était pas de poser ma question de façon plus précise. Mais quand je procède de cette façon, on me répond souvent par de simples clichés qui, en soi, ne veulent rien dire. Argent, succès, confort, sécurité, bien-être, autant de réponses qui ne semblent pas nous rendre justice. Les gens sont-ils si peu soucieux d'une question qui les concerne pourtant d'aussi près, qui engage pourtant jusqu'à leurs propres valeurs humaines ? Non. Et même au contraire ! C'est que les gens, tout simplement, répondent avec ce qu'ils connaissent de la vie, avec ce que l'éducation leur a transmis. Au point qu'ils en arrivent à confondre ce qu'ils recherchent du

15

fond du cœur, comme humains, avec des images, des modèles inculqués.

Beaucoup de grands mythes se sont enracinés de cette façon dans nos habitudes d'agir et de pensée. Avec pour résultat que nous croyons parfois vouloir des choses qu'au fond nous ne voulons pas, *et négligeons des aspects de nous-même qui pourraient nous rendre la vie plus passionnante, plus engageante... plus humaine!*

Les savants appellent cela des paradigmes, des espèces de principes que l'on érige en règle d'or et que personne ne doit remettre en question. On me parle souvent du monde des affaires comme un monde cynique où la seule règle qui vaille est celle de faire des profits, de faire de l'argent à n'importe quel prix et ou le reste importe peu. C'est établie : c'est comme ça, on ne peut rien y faire.

Pourtant, une femme en Angleterre a remis en question cette façon de voir les affaires : elle se nomme Anita Roddick et a fondé la chaîne de magasins de cosmétiques « *The Body Shop* ». Elle a posé la vraie question : qu'est-ce qu'elle voulait de la vie, de sa vie en affaires. Elle a trouvé sa réponse : « le sens de s'amuser (en affaires) est perdu, le sens du jeu, le sens de dire « Oh Mon Dieu! on s'est trompé! » Je vois les affaires comme un concept de renaissance, où l'esprit, l'âme humaine entrent en jeu. Comment relever le niveau de l'esprit quand vous vendez une crème hydratante ? C'est tout ce que nous faisons durant et après la fabrication. Cela commence par la façon avec laquelle on voit les ingrédients. C'est l'initiative, le soin et l'excitation. Cela vient de l'éducation et de briser les règles (établies). Et laissez-moi vous dire que les esprits s'échauffent – Dieu que cela chauffe – quand vous faites des produits qui servent à la vie, qui font que les gens se sentent mieux et qu'ils sont fabriqués de bonne façon. Je peux même me sentir grandie au sujet des crèmes hydratantes à cause de cela. On peut faire des affaires en humain pourvu que l'on se pose les bonnes questions : Que voulez-vous ? Qu'attendez-vous de la vie ? »

Pourquoi ce livre ?

Certes, je n'ai pas écrit ce livre pour vous dire quoi et comment penser, quoi faire dans la vie et pourquoi vous devriez le faire ! Je l'ai écrit dans le but de vous éveiller à la réflexion. À vous de penser par la suite.

Dans son dernier livre publié avant sa mort, Fernand Seguin disait : « J'aimerais que l'on invente, pour les livres de réflexion, ce qu'on pourrait appeler le point de réflexion, qui se placerait à la fin d'une phrase... un espace de liberté, de rêve, et qui permette à l'esprit de s'échapper du livre... d'ajouter ses réflexions personnelles. » Et bien, mon livre se veut dans le même esprit.

C'est une occasion de rêver, de laisser aller vos pensées en toute liberté pour réapprendre à vous découvrir, à explorer des facettes de votre personne qui gagneraient à être exploitées.

C'est aussi un livre qui vous fera sourire ou réfléchir sur des sujets graves ; un portrait de la mentalité d'aujourd'hui et de son côté parfois inhumain. Comment vous retrouver à travers cette mentalité ? Comment revenir à une vision à la fois plus réaliste et plus *optimiste* de la vie ?

Dans un film américain, *La Société des poètes disparus*, le jeune professeur ordonne à tous ses élèves de monter sur le pupitre du maître à l'avant de la classe pour voir le monde d'un point de vue différent. Ce que vous propose ce livre, c'est exactement la même démarche : monter sur la table pour examiner votre vie de façon différente. Il n'y a qu'une personne pour le faire, et c'est vous ! Le livre n'est là que pour être une bougie d'allumage, un prétexte à penser plus loin, bien calé dans votre fauteuil.

Un livre simple, comme la vie

La vie est-elle compliquée au point que vous deviez vous dispenser d'y réfléchir et laisser les autres, les savants, les spécialistes et les dirigeants politiques répondre pour vous à des questions vitales ?

Un homme eut un jour une crevaison non loin d'une maison pour malades mentaux. Il arrêta sa voiture devant la grille contre laquelle un des malades s'était appuyé pour contempler la scène. Pas du tout impressionné, l'homme entreprit de changer sa roue comme il en avait l'habitude. Mais au moment de remettre les quatre boulons sur la nouvelle roue, il s'aperçut que ces derniers manquaient et qu'il les avait sans doute perdus dans l'herbe haute. Il chercha, mais en vain ! Amusé, le malade contemplait toujours le spectacle. Puis, voyant que l'homme était au bord du découragement, il se décida à intervenir :

« Je pourrais vous aider, dit-il à l'homme qui se retourna d'un air sceptique.

– Comment ? fit ce dernier. J'ai perdu mes quatre boulons. À part marcher jusqu'au prochain garage, je ne vois pas d'autre solution...

– C'est pourtant simple, répliqua le type. Vous n'avez qu'à retirer un seul boulon à chacune des trois autres roues et à les mettre sur celle-ci. Ça vous fera trois boulons pour chaque roue, et ce sera plus que suffisant pour rouler jusqu'au prochain garage.

L'homme se frappa le front.

– Je n'en reviens pas, dit-il. Vous êtes génial. C'est moi qui devrais être derrière cette grille, pas vous ! »

Cette anecdote montre bien qu'indépendamment du fait que vous soyez directeur de compagnie, professeur, médecin, spécialiste, mère de famille, technicien ou même un malade derrière la grille d'un hôpital, il y a des questions auxquelles chacun de nous peut répondre, et des problèmes communs que nous sommes tous capables de résoudre. À plus forte raison si, au lieu de parler de boulons perdus dans l'herbe haute, vous soulevez la question universelle de savoir *quelle vie vous souhaitez mener dans ce monde et quelles valeurs vous êtes prêt à défendre.*

Pourquoi se compliquer la vie ?

Ces dernières années, notre société s'est compartimentée en d'innombrables spécialités de toutes sortes. C'est devenu une fierté de montrer ainsi à la face du monde à quel point on est borné, à quel point on a peine à voir plus loin que le bout de son nez. Pensez seulement aux places du marché dans Montréal. Les édifices de ces places sont entretenus par un service alors que les aires extérieures sont entretenues par un autre service. Mais voilà, certains de ces marchés ont des marquises qui protègent les aires extérieures contre les intempéries. Mais de quel service relèvent ces espaces sous les marquises ? Certains prétendent qu'ils relèvent du service qui gère l'extérieur du marché. Mais voilà que ce même service prétend que ces aires doivent relever du service des édifices. Le résultat : personne ne fait l'entretien de l'espace sous les marquises ! On est spécialisé. Et cette spécialisation, qui vire parfois au ridicule, a eu pour conséquence de nous donner une vision faussement compliquée de la vie. Voilà peut-être pourquoi nous craignons si souvent d'aller au fond des choses.

Nous avons la curieuse habitude de confondre le mot « compliqué » avec le mot « difficile » et le mot « simple » avec le mot « facile ». Pourtant, même si courir un marathon est une chose relativement simple, réussir l'exploit n'en est pas moins difficile. Avaler une cuillerée d'huile de castor est la chose la plus simple qui soit, mais essayez-le et vous m'en direz des nouvelles !

Les gens d'aujourd'hui se plaignent pourtant de mener une vie compliquée, mais nous admettons tous qu'il est autrement plus facile de se *compliquer* l'existence que de se la *simplifier*.

C'est d'ailleurs l'excuse la plus courante que nous invoquons, soit pour nous décharger de nos responsabilités, soit pour expliquer les mauvaises périodes qu'il nous arrive de traverser dans notre vie professionnelle comme dans notre vie privée : *la complication*. Dès qu'un mariage montre des signes d'affaiblissement, les époux prétendent que leur relation *se complique* et que c'est la raison première de leur malaise. Le phénomène est classique et se répand comme une épidémie, au point qu'aujourd'hui un grand nombre d'individus hésitent à fonder une entreprise, sous prétexte que « la procédure est compliquée », à se marier, sous prétexte que « ça complique les relations entre hommes et femmes », à faire des enfants, sous prétexte qu'« il est compliqué de les élever dans les conditions actuelles », et même, à réfléchir sur le sens des choses, sous prétexte que « ça leur reviendrait trop cher en aspirine » !

Avez-vous jamais songé, pourtant, que ces complications pourraient n'être que des apparences ? Qu'elles pourraient n'être qu'une fabulation de notre esprit, un pieux mensonge que nous nous faisons à nous-même afin de repousser l'échéance de nos actes ?

La seule façon de marcher : un pied devant l'autre !

Marcher est un acte simple que nous accomplissons sans même y penser. Il implique cependant une quantité incroyable, voire même insondable de facteurs, comme la circulation sanguine, l'influx nerveux et le tonus musculaire. S'il nous fallait tenir compte de tous ces facteurs et les garder présents à l'esprit chaque fois que l'on sort faire une promenade, nous ne pourrions même plus mettre un pied devant l'autre.

La marche est le premier pas de danse que nous avons appris dans la vie. Mais pour apprivoiser cet art et le maîtriser à la perfection, il a fallu qu'il cesse d'être *cérébrale* pour faire corps avec nous-même.

Malgré tout ce que la science peut en dire, marcher est donc une activité simple, car il suffit de vouloir le faire pour que tout le reste s'ensuive.

Il en va souvent de même avec notre action en général, et même avec la pensée qui, après tout, est aussi un acte, l'acte premier qui précède tous les autres.

La vie est simple.

Les gens qui ont l'impression du contraire sont simplement plus occupés à tenter de l'*expliquer* qu'à la laisser *s'exprimer*.

Elle est simple, mais cela ne signifie pas pour autant qu'elle soit facile. Se lancer en affaires est au fond quelque chose de simple, *mais qui demande un effort soutenu.* Aimer quelqu'un est simple, l'amour est la simplicité même, *mais ce n'est pourtant pas une chose que l'on peut prendre à la légère, qui va de soi et qui peut se faire sans engagement de notre part.*

Ce livre est simple, il ne renferme rien qui soit difficile à comprendre. Cependant, tout vous paraîtra incompréhensible si vous ne prenez pas l'*engagement d'y réfléchir*.

Et la grande question de savoir ce que nous voulons dans la vie, pour difficile qu'elle soit, n'en est pas moins simple elle aussi. Tout ce qu'elle implique, c'est la capacité de regarder les choses avec franchise et l'effort de remettre en question certains mythes qui ne servent qu'à nous compliquer l'existence.

Le mythe du succès

Un grand philosophe du nom de Wittgenstein a dit un jour que le langage déguisait la pensée. J'ajouterais pour ma part qu'aucun mot n'a davantage *déguisé* la mienne que le mot *succès*, au point que j'éprouve maintenant un grand besoin de livrer cette notion à un peu de « strip-tease ».

S'il est une chose qui nous obsède et que nous recherchons avidement, c'est bien celle-là. Mais à quoi le succès correspond-il vraiment ? N'y a-t-il pas une part de mythe dans notre poursuite de cette valeur sociale ?

Je côtoie des gens qui ont connu le succès et la célébrité, d'autres qui ont amassé des fortunes enviables, et très peu semblent prouver que la réussite est un gage de bonheur.

Car, au fond, que signifie la réussite ?

Que signifie-t-elle, par exemple pour le multimillionnaire Robert Campeau qui, après s'être porté acquéreur des deux plus grandes chaînes de magasins de détail américaines, a vu sa fortune fondre comme neige au soleil ? Il avait bâti un véritable empire, mais cela ne l'avait pas empêché de sombrer quelques fois dans la dépression au point d'avoir à ses côtés un psychologue pour lui rappeler combien la vie était plus simple. Et maintenant, peut-on dire après tout ce périple qu'il a réussit sa vie ? Je suis incapable de répondre ! Le seul qui en soit capable s'appelle Robert Campeau lui-même !

Des chiffres qui disent n'importe quoi

Il est d'ailleurs frappant de constater que le succès est souvent une affaire de proportions, et qu'on ne semble pas le concevoir autrement que sous l'apparence de chiffres. Il n'est pas de succès, paraît-il, qui ne puisse se mesurer. Au point qu'on pourrait se demander si ce dernier n'est pas tout simplement une vulgaire question de rendement ou de performance.

Toute la beauté et l'accomplissement que recèle la course de Ben Johnson feraient-ils encore notre admiration si le champion courait seul et sans chronomètre ?

D'ailleurs, a-t-on autant d'admiration aujourd'hui pour celui qui a trompé les autres, mais, qui, encore plus grave, s'est trompé lui-même ?

Pourrions-nous reconnaître en Yves Beauchemin un grand écrivain si l'on ignorait que son dernier roman a dépassé les 500 000 exemplaires ?

Serions-nous encore disposés à croire en Dieu s'il n'y avait pas déjà quelques milliards de gens pour y croire?

Et prendrions-nous au sérieux un ami qui se prétend professionnel alors qu'il ne gagne qu'un salaire très modeste?

Notre tendance à tout juger par des chiffres ne nous habilite guère à répondre à ces questions bizarres. Et je suis convaincu que certaines personnes seraient embarrassées si on leur demandait de tracer un bilan de leur réussite professionnelle *sans mentionner de chiffres, sans parler de leurs progrès salariaux ou de leurs gains financiers.*

Seriez-vous capable d'écrire votre conception du succès dans la marge sans faire allusion à votre compte en banque?

En définitive, le succès n'est pas ce qu'on *fait* dans la vie, mais simplement ce qu'on *obtient.*

Et la question cruciale est de savoir si ce qu'on fait pour l'obtenir a aussi son importance, si on doit mettre les critères d'efficacité, de rendement et de popularité au-dessus de toute autre valeur.

On peut tout réussir, *en bien comme en mal.* Après tout, l'essentiel du succès est de traduire notre efficacité dans la vie. Et si on travaille à se rendre malheureux, on devrait logiquement s'estimer satisfait d'y avoir réussi. Si, d'autre part, on travaille à ramasser de l'argent, on devrait de la même façon s'estimer satisfait de ne recevoir rien d'autre de l'existence.

Or, ce n'est pas le cas.

Et mon expérience de la vie et des gens m'a prouvé qu'il était plus facile d'atteindre une réussite que d'atteindre un état de bonheur. Elle m'a aussi montré que cela provenait souvent du fait que nous acceptons des choses, que nous nous laissons entraîner par des circonstances sans prendre la peine de nous poser les bonnes questions, les questions personnelles qui engagent notre qualité d'humain : celles de savoir non pas « comment » nous faisons les choses, mais « pourquoi » nous les faisons.

Pourquoi ? Pour qui ? Pour en arriver où ?

La phobie des « pourquoi »

« Pourquoi ». Mon Dieu que nous avons peur de ce mot alors que nous sommes si empressés de savoir « comment ». Un après-midi, un fils entre à la maison comme un ouragan pour annoncer à son père qu'il a pris la décision de se marier.

« Papa ! C'est décidé, JE ME MARIE !

Mais le père, impassible, se gratte la tête et répond d'une voix calme :

– Bravo ! Félicitations ! Mais pourquoi ?

– Comment ça, « pourquoi ? », s'exclame le fils. Toi, tu t'es bien marié !

Pour toute réponse, un sourire amusé. Alors, le fils reprend, d'une voix hésitante :

– D'ailleurs, c'est bien simple : on se marie pour avoir des enfants.

– Pourtant, réplique le père, j'en connais qui ne sont pas mariés et qui font quand même des petits.

– Oui, mais il y a le contrat de mariage, le partage des meubles, de la maison, les clauses légales. »

Puis, voyant que son père l'écoute d'une oreille ironique, le fils se tait.

Qu'auriez-vous dit à sa place ?

Qu'auriez-vous dit à la place du père ?

Je me souviens du jour où l'on passa devant le notaire, Céline celle qui allait être ma femme et moi. En me montrant le fameux contrat, le notaire insista sur le fait que j'aurais, en tant qu'époux, une somme à verser à mon épouse. «Tu peux tout lui donner!» lui ai-je dit, en retournant les poches de mon pantalon. En ce temps-là, ma pauvreté simplifiait de beaucoup les procédures!

Mais ce qui rendait l'idée du mariage si claire et si simple pour ma femme et moi, c'était l'engagement qu'il représentait au fond. Nous nous sommes mariés *car nous tenions à nous engager l'un envers l'autre. Par amour. Tout simplement.*

Chaque jour, des couples divorcent en prétendant que le mariage, pour eux, ne veut plus rien dire. Mais ont-ils jamais cherché à savoir ce qu'il signifiait, se sont-ils jamais posé la question avant d'échanger leurs bagues?

Même chose pour chacun de nous : avons-nous le courage d'interroger nos actes?

Pourtant, rien n'est aussi simple. Les enfants se posent tous les jours ce genre de questions. Ma petite-fille ne laisse pratiquement rien passer sans demander «pourquoi». «Pourquoi faire de l'argent?» «Pourquoi faire ce travail?» «Pourquoi acheter cette maison?» Dans sa logique d'enfant, elle a compris que le «comment» n'apportera pas grand-chose si vous ne répondez pas d'abord au «pourquoi».

Mais beaucoup d'adultes ont totalement renversé cette logique. Ils se marient *pour se marier*, font des enfants *pour faire des enfants*, gagnent de l'argent *pour être plus riches* et travaillent *pour un salaire*.

Pourquoi avez-vous acheté ce livre? Vous êtes-vous seulement posé la question avant d'entrer chez le libraire?

Pourquoi habitez-vous dans ce pays plutôt que dans tel autre?

Pourquoi travaillez-vous dans ce domaine plutôt que dans tel autre? dans cette compagnie plutôt qu'ailleurs?

Les statistiques ont démontré qu'en Amérique du Nord, près de 95 % des gens travaillent dans une entreprise moins par choix personnel qu'en raison d'un éventuel poste à combler. De ce fait, *95 % des gens n'auraient fait qu'attendre le départ de leur prédécesseur pour prendre sa place.* Et l'on pourrait ajouter à ces statistiques qu'une fois en place, la majorité d'entre eux adoptent une attitude passive et se contentent de suivre une routine bien ancrée sans rien remettre en question !

Faites-vous partie du 5 % qui a pris la peine de se demander « pourquoi » ou du 95 % qui n'a jamais osé le faire ?

Pourquoi tu travailles ?

Un jour une mère se dépêchait au déjeuner pour ne pas arriver en retard au travail. Le père avait déjà quitté la maison. Seule la petite de sept ans traînait quelque peu les pieds.

« Dépêche-toi ! On va être en retard toutes les deux, lui cria la mère, exaspérée.

– Mais pourquoi tu travailles maman ? Pourquoi ne demeures-tu pas à la maison ?, lui demanda l'enfant.

– Mais c'est pour aider ton père. Tous les deux, on gagne de l'argent qui nous aide à payer cette grande maison où nous sommes tous heureux.

– Elle n'est pas à nous la maison ?, rétorqua l'enfant.

– Elle est à nous, mais elle sera définitivement à nous dans dix-sept ans et huit mois !, répondit la mère.

– Mais maman ! Je ne serai plus là dans dix-sept ans et huit mois !, ajouta l'enfant l'air inquiet et déçu. »

On passe sa vie à amasser des biens ! Pourquoi ? Pour plus tard ! Pour demain ! Sans jamais s'arrêter et se demander : cela en vaut-il la peine ?

26

L'homme qui creusait des « X »

Au chantier de la Baie James, les ingénieurs avaient pris l'habitude de marquer avec des «X» les endroits où les ouvriers devaient creuser. Étant de passage, il y a quelques années, dans ce coin sauvage, j'ai rencontré un homme qui creusait des trous, dans un épais nuage de poussière et un vacarme insupportable. Je me suis approché de lui, en me bouchant les narines.

« Tu parles d'un travail !

– Oui, c'est pas un cadeau !, s'est lamenté mon bonhomme en déposant son attirail. Si c'était pas pour l'argent, je m'en irais tout de suite !

– Je comprends. Mais pourquoi tu creuses ?

– Pourquoi je creuse ?

– Oui, pourquoi tu creuses là, à cet endroit ?

Il me montra des traces par terre autour du trou :

– C'est à cause du X ! »

J'ai regardé mon bonhomme, incrédule. Par la suite, un ingénieur m'apprit qu'il s'agissait de l'évacuateur de crue, et se lança dans des explications passionnantes. Mais cet homme n'avait jamais manié une « *drill*», au contraire de mon ouvrier !

Pourquoi creusait-il ? Pour qui ? Pour en arriver à quoi ?

Un Américain, un jour, a dit : « Les gens qui savent comment trouveront probablement toujours du travail : ils travailleront pour ceux qui savent pourquoi ! »

Combien de choses faisons-nous à contrecœur sans même nous demander pourquoi ? Comment pouvons-nous alors les apprécier ou les remettre en question ?

Le mystère des quatre copies

Dans les classeurs de mon bureau, des dizaines de papiers illisibles s'empilent chaque semaine. C'est que, depuis des temps immémoriaux, les compagnies ont pris l'habitude de produire quatre copies carbone de chaque reçu, et de réserver celle du dessous pour le client. Un beau jour, j'ai voulu trancher le mystère auprès d'un employé de l'une de ces compagnies :

« Pourquoi quatre copies ?

– Quatre copies ?

– Oui, pourquoi pas deux ? Ma copie à moi n'est jamais lisible.

– Je regrette, monsieur, mais c'est parce qu'on les reçoit en paquet de quatre. »

Euréka ! J'avais résolu mon mystère. Et s'ils les avaient reçues en paquet de mille ?

Encore une fois, la routine et l'habitude ! « Faire un pas de plus, affirmait le romancier Dostoïevski, dire un mot nouveau est ce dont nous sommes le plus effrayés. » Vous pourriez dresser à l'infini la liste des réponses que nous inspire la routine, et qui ne servent qu'à nous débarrasser des « pourquoi ».

Le propriétaire du petit magasin se plaindra que les affaires vont mal parce que le Woolco est trop près et lui arrache sa clientèle ; celui qui opère à l'autre bout du centre commercial se plaindra à son tour que les affaires vont mal parce que le Woolco est trop loin et ne lui attire donc aucune clientèle.

Une bonne majorité des vendeurs que j'ai la chance de rencontrer blâment, pour leur faible performance, le fait qu'ils sont cantonnés dans le mauvais territoire : Ils sont dans l'Est, et c'est l'Ouest qui est bon.

Le commerce à l'ombre fera faillite parce que les clients préfèrent magasiner au soleil, et le commerce sur le trottoir d'en face fera faillite parce que les gens préfèrent magasiner à l'ombre.

Un tel refusera un poste parce qu'il se croit trop vieux, et un autre, parce qu'il se croit trop jeune.

Un tel refusera de s'engager dans une liaison amoureuse parce qu'il a déjà souffert d'une rupture, et un autre, parce qu'il n'a jamais rien connu de semblable.

Un tel dira que le mauvais rendement d'un hôpital est la faute du système, un autre dira que c'est la faute des employés.

Toutes ces réponses ont quelque chose en commun : le fatalisme. Elles nous excusent de rester les bras croisés et nous font sentir que nous ne sommes pas vraiment *responsable* de ce qui nous arrive, *responsable* au sens où nos ancêtres latins entendaient ce mot : *être capable de donner sa réponse.*

La responsabilité de votre bonheur

Ce n'est pas toujours facile de donner sa réponse. Je suis le premier à l'admettre. Cela demande un effort, qu'on soit jeune et sans expérience ou qu'on ait atteint, comme moi, un certain âge. La responsabilité est une chose qu'on n'acquiert pas nécessairement en devenant adulte.

Mais ce qui est dommage, ce n'est pas tant d'être incapable de répondre aux « pourquoi » de la vie que d'avoir peur de se poser la question. *Car au fond rien ne va de soi. Rien n'est gratuit.* L'argent ne va pas tout seul à votre portefeuille. Le travail qui vous a permis de le gagner, à son tour, n'est pas sans conséquences sur votre vie et votre milieu. La façon dont les gens vous traitent n'est pas étrangère à votre propre façon de les traiter. Ce que vous recevez de la vie n'est pas sans rapport avec ce que vous donnez. Et votre pouvoir de changer les choses qui vous déplaisent ou de faire durer celles qui vous plaisent n'est pas indépendant de votre capacité à les *comprendre.*

Le mot comprendre veut dire prendre avec, c'est-à-dire faire soi, se donner la peine de l'incorporer à son être. Eh oui! se donner de la peine me rappelle l'histoire de la pompe à eau. Tous les printemps sur la ferme, on doit activer les pompes à eau pour abreuver le bétail. Et c'est toujours de la même façon : il faut amorcer la pompe. En langue anglaise, on dit « primer » la pompe. C'est-à-dire mettre d'abord de l'eau dans la pompe si on veut que la pompe nous donne de l'eau. Jamais elle ne donnera de l'eau si on ne commence pas par lui en donner d'abord.

C'est toute l'histoire de la vie! Il faut d'abord mettre du bonheur dedans si on en veut en retour. Et on est le seul à pouvoir mettre ce qu'il faut dans sa vie pour que la vie nous rende heureux.

Mais notre éducation occidentale nous a malheureusement trop appris à *rationaliser* plutôt qu'à *comprendre*. Elle nous a fait avaler le fait que la vie était un ensemble de problèmes et de contraintes qu'il fallait résoudre chacun avant d'aspirer à la tranquillité et au bonheur. Elle nous a incité à penser que le plus important n'était pas de savoir « pourquoi », mais « comment » les choses se font, et que le « bonheur » n'était qu'une récompense qui venait en bout de ligne.

Était-ce vrai?

Quelle est votre réponse?

5 000 ouvrages sur le bonheur...

Aucun sujet peut-être n'a suscité autant de recherches et d'ouvrages que le *bonheur*, en particulier en Amérique du Nord. Depuis 1979 seulement, plus de 5 000 livres et rapports ont été publiés sur la question, dont près des trois quarts au Canada et aux États-Unis.

Pendant plus de vingt ans, un chercheur américain du nom de Michalos a étudié cette imposante documentation, tout en se livrant lui-même à plusieurs enquêtes.

Au terme de sa recherche, il en est finalement venu à la conclusion toute simple que le *bonheur des gens ne dépend ni de la richesse, ni même de la santé, mais qu'il est par-dessus tout une question de rapports humains.*

L'auriez-vous cru ?

Dans ce contexte, l'argent, le succès, et d'une certaine façon la santé, ne sont que des *moyens* pour mieux raffermir nos liens avec les autres. Mais ces mêmes moyens peuvent aussi nous en détourner quand des préoccupations comme la peur de vieillir, les problèmes de santé, le compte en banque ou la hantise du succès dominent de façon outrageuse notre attitude vis-à-vis des gens. Les rapports étudiés par monsieur Michalos ont démontré, contrairement à l'opinion répandue, que les hommes occupant des postes de grand prestige au sein de la société étaient moins heureux dans l'ensemble que la plupart des travailleurs. On leur a toujours dit qu'il n'y avait pas de sentiments en affaires, que pour grimper dans l'échelle sociale il fallait se battre et faire tomber des têtes, qu'il fallait *tout donner* pour atteindre le sommet. *Et ces hommes ont commis l'erreur d'y croire.*

Arrivés au sommet, que voient-ils ? Une situation qui ressemble étrangement à un *no man's land.* Ils ont négligé la qualité de leurs rapports humains et, souvent sans même s'en rendre compte, les ont *évacués de leur vie.* La plupart de ces gens avides d'ambition diront pourtant qu'ils ne voulaient pas en arriver là, que leur carrière les a obligés à négliger les autres et qu'ils attendaient de se libérer pour enfin revenir vers eux. Jamais, à la fin de ses jours n'a-t-on entendu un homme d'affaires, ayant réussi à amasser des sommes phénoménales, regretter les bonnes occasions de faire de l'argent qu'il a manquées, au cours de sa vie. Au contraire, ce qu'il regrette le plus, c'est d'avoir négligé ceux qu'il aimait, sa compagne de vie, ses enfants, ses amis ! *Mais les rapports humains ne font pas partie de ces choses qu'on peut faire attendre.*

L'histoire de Stripe et Yellow

L'histoire de ces «bourreaux» d'ambition me rappelle celle de Stripe et Yellow, les deux petites chenilles. La fable est longue, mais elle vaut le détour!

Un jour, Stripe et Yellow rencontrent d'autres chenilles rampant à la queue leu leu. Elles décident de les suivre et se retrouvent devant une immense pyramide qui monte au-delà des nuages. Ce sont les chenilles arrivées avant elles qui ont grimpé les unes par-dessus les autres. Impossible de distinguer le sommet! Alors, Stripe et Yellow décident de grimper à leur tour. L'ascension semblent facile au début, mais bientôt il leur faut s'agripper et écraser sans pitié la tête de leurs congénères.

«J'en ai assez!, dit Yellow. Descendons! Retournons dans les champs mener une vie paisible.

Et les voilà qui redescendent dans leur petit champ. Mais le temps passe. Stripe repense à la pyramide. Il est obsédé par le sommet.

– J'y retourne!, dit-il à Yellow. Reste ici, je te raconterai tout à mon retour.

Et Stripe de s'en retourner, et Stripe de grimper de plus belle. À force d'écraser des têtes, il se retrouve enfin au sommet. Et là, que voit-il? Il regarde en haut, à droite, à gauche et manque de tomber à la renverse:

– Mais *il n'y a rien! RIEN!*, crie-t-il.

Aussitôt, les chenilles en bas commencent à s'agiter et celles juste en dessous se raidissent:

– Chut! Chut!, lui lancent-elles. Tais-toi! Si les autres t'entendent en bas, elles vont tout lâcher; la pyramide va s'écrouler et nous avec!

Entre-temps, Yellow a fait la rencontre d'une congénère en train de tisser son cocon à la branche d'un arbre. Elle n'avait jamais rien vu de semblable auparavant. La croyant prisonnière, elle se lance à son secours. Mais la chenille la rassure et l'invite à faire comme elle si elle veut voler un jour dans la peau d'un papillon. Yellow la regarde. Elle se met à réfléchir.

Les jours ont passé. Stripe est redescendu de la pyramide, désabusé, et reprend le chemin du bercail, quand il entend une voix familière qui l'appelle au-dessus de sa tête.

– Tisse-toi un cocon, Stripe! Et rejoins-moi dans le ciel!»

Il lève les yeux et reconnaît Yellow dans la peau d'un magnifique papillon jaune.

Yellow est devenu ce qu'il était appelé à devenir: un magnifique papillon.

Cette histoire peut vous paraître un peu fleur bleue.

En réalité, elle renferme une caricature implacable de notre société.

Avez-vous remarqué que dans ce petit conte, les chenilles heureuses sont celles qui ont choisi de rester à l'écart et de vivre une vie marginale? Yellow avait cru la chenille prisonnière de son cocon alors qu'elle cherchait à s'épanouir en papillon.

Auriez-vous pensé la même chose que Yellow devant certains marginaux de notre société?

Combien de gens, par exemple, ont accueilli avec compassion la démission surprise de Pierre Marc Johnson à la tête du Parti québécois? On a parlé de coups bas, de «victime», comme si cet homme avait quitté son poste par obligation et non par un choix libre et personnel.

Personnellement, je ne fais jamais de politique et j'ai toujours systématiquement évité d'en parler lors de mes conférences. Mais au-delà des allégeances, au-delà de la partisanerie, je n'ai pu m'empêcher d'être ému par le geste posé par cet homme après le décès de René Lévesque. Pierre Marc Johnson avait sans doute une longue carrière remplie de promesses devant lui. Mais il a le courage de refuser le sacrifice de sa vie personnelle, de ses amitiés et de ses sentiments au profit des luttes politiques. Le jour de sa démission, on le vit serrer dans ses bras son frère qui avait été jusqu'alors son adversaire dans les rangs ennemis, et embrasser sa femme dont il avait vécu presque séparé depuis des années. À tous ceux qui s'apitoyaient sur la fin prématurée de sa carrière, il lança ce message : « Ce n'est pas moi qu'il faut plaindre, mais les autres, ceux qui restent ! »

D'ailleurs, dans un article paru dans La Presse du 9 mars 1992, Pierre Marc Johnson disait : « Nous devons nous préoccuper de deux choses : notre relation avec le Tiers-Monde et notre relation avec nos enfants. On a dix ans pour leur laisser une maison un peu plus propre. » Lui aussi avait réalisé que le bonheur est dans la relation humaine.

Les marchands de bonheur

N'allez pas croire cependant que la dégradation des rapports humains et l'ambition aveugle n'appartiennent qu'au domaine de la politique. Vous pouvez faire de la politique sans tomber dans ce piège, tout comme vous pouvez y succomber en faisant autre chose. Les affaires présentent le même défi : faire de l'argent, aider les gens et demeurer un humain à part entière.

La vente en est un bon exemple. J'ai connu et tenté d'aider des centaines de vendeurs dans ma vie Ce qui me peinait beaucoup, c'était d'en arriver à dire à un débutant, après maintes et maintes tentatives, qu'il n'était pas « fait » pour ce métier, qu'il n'avait pas l'attitude voulue pour réussir sans risquer de se brûler. Et cela, pour la simple raison que cette personne était incapable d'aborder la vente avec l'idée de *rendre service aux gens, avec l'idée que la vente était avant tout une question de relations humaines.*

La revue *Fortune* du mois d'octobre 1987 avait cherché à savoir, quant à elle, ce qui distinguait les meilleurs vendeurs des autres. Elle est arrivée à cette conclusion que les meilleurs dans ce métier *n'étaient pas nécessairement ceux qui affichaient le plus haut revenu.* La plus grande distinction des meilleurs vendeurs reposait plutôt dans *la relation de confiance qu'ils établissaient avec le client et leur grand souci pour la qualité des rapports humains.* Ils ne bouclaient jamais une vente au détriment du client, n'essayaient jamais de dénigrer la concurrence et démontraient envers les gens un intérêt qui allait bien au-delà de leur portefeuille. Mais, par-dessus tout, *ils aimaient vendre. La vente les rendait heureux parce qu'elle était pour eux une occasion de nouer des rapports avec les gens tout en leur rendant service.*

Ces vendeurs avaient compris le vrai sens du bonheur, à savoir *qu'il n'est pas seulement dans ce qu'on obtient de la vie, mais dans les gestes que nous posons pour l'obtenir; qu'il n'est pas une récompense à la contrainte, mais un état d'être qui se vit au présent dans nos rapports humains!*

Malheureusement, comme le disait Albert Brie dans ses petits billets du journal *Le Devoir*, nous vivons à une époque où l'on a un peu perdu de vue ces humains que nous sommes, ces humains que les autres sont autour de nous. On parle aujourd'hui de *facteur humain*, comme si nous n'étions, chacun et tous ensemble, qu'un simple élément dans une grande machine.

Le plus drôle de tout ceci c'est que nous ne cessons pas pour autant d'être *humain.* Mais le vrai problème, c'est que nous avons tendance à l'*oublier* et à nous comporter comme si nous ne l'étions pas, comme si nous étions des automates dont tous les gestes étaient parfaitement prévisibles et logiques.

On a beaucoup critiqué l'être humain ces dernières années. On s'est acharné à montrer ses mauvais côtés et à traiter plusieurs de ses comportements sous l'angle de la « pathologie » avec, pour résultat, que ses grandes richesses sont passées inaperçues.

Il est temps, comme le chante Michel Rivard, de renverser la vapeur et de *libérer le trésor !*

Je souhaite que ce livre vous aide enfin à libérer le vôtre et à tirer de vous-même ce que vous avez de meilleur !

Aimer !

Mon métier de conférencier m'a amené à écouter moi-même beaucoup de conférences. Des conférences parfois ennuyeuses, souvent très savantes, dans lesquelles des gens sérieux venaient bercer le sommeil de l'auditoire avec des formules et des chiffres. Inutile de vous dire que, dans un monde pareil, je suis vite devenu une sorte de marginal, par mon humour, par ma façon de sautiller sur scène comme pieds nus sur le sable brûlant d'une plage, mais surtout par cette habitude que j'ai prise de lancer des questions d'une simplicité désarmante dans les pattes de mon public. Par exemple, l'*amour*. « Aimez-vous ? » « Y a-t-il de l'amour dans vos vies ? dans votre foyer ? dans votre métier ? » Les gens semblent désarmés par de telles questions.

Un parti canadien, dont je tairai le nom, m'avait invité à son congrès. Invitation que j'avais hésité à accepter, car je ne suis membre d'aucun parti et je rejette toute association avec la politique. Mais le défi m'avait paru intéressant. Ce parti pataugeait dans les bas-fonds des sondages et certains scandales en avaient éclaboussé l'image auprès des électeurs. La politique étant malheureusement ce qu'elle est de nos jours, je voulais vérifier une question importante avec ces gens. Dans le salon du grand hôtel où la plupart s'étaient réunis, je leur ai demandé : « Y a-t-il de l'amour dans votre équipe ? »

Pour toute réponse : un silence de mort. Quand tout fut terminé, je serrai quelques mains, étrangement molles, et je quittai l'hôtel en digérant ce qui venait de se produire, avec l'impresion d'avoir touché une corde sensible, mais d'avoir manqué mon coup.

Peut-être avais-je passé tout droit. Avec le recul, car ceci s'est passé il y a quelques années, j'ai le sentiment que cet auditoire était tellement préoccupé par le fait de gagner ou de perdre les élections, que l'idée d'aimer était à cent lieux d'eux. de leurs préoccupations. Pouvoir et amour, respect, considération, empathie ne font pas bon ménage.

L'idée ne viendrait à personne d'associer l'amour à la politique.

De la même façon, il ne nous viendrait pas à l'esprit que l'amour ait quelque chose à voir avec les affaires, avec la vie sociale et professionnelle.

Combien de fois vous est-il arrivé de faire des choses, d'accepter des situations et même de bâtir des projets à l'encontre de vos sentiments, à l'encontre de ce que vous aimez ? Vous rappelez-vous du thème de CKAC à Montréal « Tout le monde le fait, fais-le donc ! » ?

Trouvez-vous normal que l'amour ne s'exprime pas dans ces facettes pourtant essentielles de notre vie ?

Voir plus loin que le bout de son lit

Pour des raisons que les psychologues n'auront jamais fini de débattre, nous avons une propension aux liens exclusifs. Nous envisageons l'amour comme une liaison privilégiée avec un nombre restreint de personnes. Nous cherchons au fond à satisfaire un besoin naturel et il est normal que nos préférences et nos affinités s'expriment dans nos rapports avec autrui.

Mais cette forme d'amour peut devenir, et devient souvent, « exclusive » dans le mauvais sens du mot. Nous finissons par croire en effet que le couple, la famille ou le groupe d'amis sont les seules dimensions dans lesquelles l'amour peut s'exprimer. Et nous regardons tout ce qui est extérieur à cette petite vie privée comme une dimension d'où ce sentiment est exclu.

Bien que la plupart des gens, suohaitent par exemple, recevoir un salaire pour un travail qu'ils *aiment* faire, beaucoup n'envisagent absolument pas l'amour du métier comme une *nécessité*, ni même comme un critère important. En revanche, nous obéissons servilement à des critères comme la rentabilité et la sécurité, sans égard au fait que le travail visé soit pour nous une contrainte dont on n'attend rien d'autre qu'une récompense monétaire.

Pourtant la revue américaine *Fortune* du 13 juillet 1992 publiait un article intitulé « *The Up Beat Generation* ». On y parlait des jeunes Américains dans la vingtaine, qui, à la surprise de tous, ont l'impression qu'ils auront un meilleur train de vie que leurs parents. Pourquoi ? Parce qu'ils ont une version différente du rêve américain. En effet, seulement 21 % des jeunes interrogés disaient que le critère d'une belle vie était le succès financier ; un faible 4 % disait que posséder sa propre maison était un des facteurs importants. Au contraire, ils étaient plutôt préoccupés par l'acquisition de biens intangibles, tels une vie familiale riche, une spiritualité vivante, un travail enrichissant, la chance d'aider les autres et la possibilité de soffrir des loisirs et de voyager, ou encore valorisaient l'enrichissement intellectuel, une créativité propre.

Quand je demande à des gens de mon âge pourquoi ils travaillent, on me répond souvent par des phrases vides de sens : « parce que j'ai toujours travaillé », « parce qu'il me reste encore quelques années avant ma retraite », comme si le travail était une peine qu'on nous inflige et qu'il n'y avait rien d'autre à espérer qu'une libération le jour de la retraite et des moments de répit les jours de vacances, à la manière d'un prisonnier qui attend la fin de sa sentence.

C'est une façon de voir très répandue me direz-vous. Elle est normale.

Mais quand ce qui est *normal* empêche l'amour de s'exprimer, n'éprouvez-vous pas le besoin de vous écarter de la *norme* ?

L'enfer des « autres »

Il est frappant de constater à quel point nous pouvons nous éloigner et même aller à l'encontre des principes d'*amour* dans notre façon d'envisager la vie en société. Il suffit de lire les journaux, d'écouter les bulletins télévisés ou même d'observer les gens pour s'en rendre compte. Dans les associations, les groupes, les partis politiques, les institutions, dans l'entreprise privée, un peu partout, vous trouverez des gens pour se plaindre. Mais de quoi au juste ? Presque invariablement : *des autres !* De l'autre parti politique, de l'autre compagnie, de l'autre en la personne du client, du patron, de l'employé, de l'immigrant ou de n'importe qui à qui le « chapeau » semble aller.

« Qu'est-ce que l'enfer ? » se demanda un jour le romancier Jean-Paul Sartre. « L'enfer ? L'enfer, c'est les autres...fit-il répondre à l'un de ses personnages. »

À écouter certaines personnes, on a l'impression que, pour avoir le droit d'exister, il faut continuellement enlever ce droit aux autres autour de nous. C'est l'une des raisons pour lesquelles les conflits éclatent ici et là et ne semblent s'arrêter qu'après épuisement des antagonistes. Nous perdons chaque année des fortunes colossales à tenter de résoudre des conflits dans le secteur public pour la simple raison que les parties en présence essaient toujours de gagner *au détriment de l'autre.*

Existe-t-il une autre façon de gagner ?

Nous aimerions bien le croire. Mais les conceptions mêmes que nous colportons à l'égard de la société nous amènent à douter que ce soit seulement possible.

Il y a quelque temps à la télévision, un soir, on parlait à l'émission de «Jeannette veut savoir» de l'amour chez les homosexuels. Trois couples discutaient de leur définition de l'amour. L'un d'eux mentionna alors la définition suivante qui m'a fait beaucoup réfléchir : «L'amitié, c'est gérer les affinités ! L'amour, c'est concilier les différences !» Tout est là. Pour concilier d'abord les différences, il faut les reconnaître et les respecter ! Cela implique ne pas vouloir les modifier, les annihiler, mais au contraire les reconnaître et vouloir les concilier, c'est-à-dire les lier avec les siennes ! C'est cesser de vouloir changer les autres. Il est peut-être là l'enfer : on veut changer les autres et les autres ne veulent pas changer.

Notre esprit est encore embrumé par le vieux dicton suivant lequel «le bonheur des uns doit nécessairement faire le malheur des autres». Nous envisageons de bonne foi la société comme un monde en lutte, dont le principal enjeu pourrait se résumer en un seul mot :

Prendre...

«Que vais-je en retirer ? Que vais-je prendre ?», c'est la première chose qui nous vient à l'esprit. Dans nos universités, des facultés ferment leurs portes parce que les étudiants se ruent en majorité vers les départements qui sont les plus susceptibles de leur garantir un bon revenu. Des secteurs entiers de l'économie tombent dans la sclérose parce que les gens préfèrent investir là où ils sont certains d'obtenir un profit. Et l'on voit, dans la fonction publique, des gens s'accrocher à des postes où ils sont devenus foncièrement inutiles, parce qu'ils ne veulent pas renoncer aux avantages que cela représente.

«Prendre» est devenu un véritable mode de vie. Et l'on parle de plus en plus de l'individu comme d'une personne qui a des *droits*. Je remplirais une bible en entier si je devais énumérer tous les droits qui nous ont été acquis au cours des dernières décennies. En revanche, je ne remplirais guère plus qu'un petit cahier d'écolier si je devais dresser la liste des *devoirs* qui nous sont restés.

À titre d'exemple, voyez le contrat de courtage vente d'immeuble. Il s'agit d'une formule prescrite par l'Association de l'immeuble du Québec et est à l'usage exclusif de ses membres. La section « Obligations du vendeur » (section 5) comprend 9 obligations de la part du propriétaire mettant son immeuble en vente. Et cela ne tient pas compte de la section 6 qui parle de rémunération de l'agent, qui elle, compte 5 obligations. Tout cela à la face du contrat. Pour ce qui est des obligations de l'agent, on les trouve au verso, à la section 9, et contient 3 obligations. Je ne peux juger de la légalité du document, mais ce qu'il me dit en termes assez clairs, c'est qu'à la face et au tout début, on dit ce que l'on veut prendre et, au verso, ce qu'on est prêt à donner pour cela. N'est-ce pas là prendre d'abord et donner par la suite.

Quoi de plus normal, alors, au fait que l'amour s'exprime si peu à travers la société, dans la mesure où l'amour n'est pas un droit, une chose qui se réclame par principe, mais un don de soi-même, un sentiment qu'on suscite.

Daniel Pennac ,dans son livre *Comme un roman*, publié chez Gallimard, disait que « le verbe lire ne souffre pas l'impératif. » On ne peut dire à quelqu'un : lis et qu'il se mette à lire intelligemment. Il serait temps que l'on dise la même chose du verbe aimer : il ne souffre pas l'impératif. On ne peut dire « aime » comme on donne un ordre.

Que penser d'un mari qui réclamerait un baiser de son épouse en invoquant le « droit à la jouissance du mariage » ? La femme aura tôt fait d'invoquer son « droit au divorce » et de claquer la porte !

Votre façon de voir la vie de couple reflète sans doute tout le contraire.

Mais qu'en est-il de notre façon de voir la vie sociale ? la vie en affaires ?

Faites un petit test ! Tentez de dire le proverbe américain qui affirme « Life is a give and take » en le renversant : «Life is a take and give!». Cela sonne très mal, même à l'oreille.

Le droit de conduire, le privilège de piloter

Prenant l'avion un jour dans le Nord du Québec, j'ai vu pour la centième fois le pilote déplier une grande feuille sur le tableau de bord et la lire avec la plus grande attention en compagnie de son assistant. C'était la liste de vérification de l'appareil, une liste en tous points identique à celle qu'ils avaient dû lire et relire avant chacun de leurs décollages.

«Pourquoi faut-il que tu relises tout le temps cette feuille?, ai-je demandé. Tu as bien dû l'apprendre par cœur?

– C'est obligatoire, répondit le pilote. Il faut la relire pour s'assurer que tout fonctionne.

– Imagine-toi si tous les conducteurs devaient en faire autant avant de prendre leur voiture. On n'aurait plus jamais d'accidents au Québec!

– Sûrement! dit-il. Mais ils n'accepteraient jamais de le faire. Et tu sais pourquoi, Jean-Marc? C'est que piloter un avion est un *privilège*, alors que conduire une auto est un *droit...*»

«Je peux à la moindre erreur perdre mon permis de pilotage d'avion, et le perdre pour la vie. Pour ce qui est de la voiture, on le perd quelquefois, mais souvent lors d'une parution en cour, l'on peut expliquer au juge que c'est notre gagne-pain, que l'on ne peut donc perdre son permis de conduire : ce serait nous vouer au chômage. Et on invoque alors notre droit à l'emploi», poursuivit-il!

Un Russe débarquant sur le continent serait ébloui de voir nos autoroutes et nos rues littéralement envahies par ces engins de toutes sortes, quand on sait que chez lui la jouissance d'une voiture est un rare privilège. Il serait à deux mille lieues de se douter que tous ces gens, au volant de leur voiture, jouissent tout bêtement d'un *droit acquis*.

Dans les sociétés orientales, et en particulier en Inde, on m'a dit qu'aucun droit n'est attribué à l'enfant naissant. Les gens naissent avec des *obligations*. Avant même de savoir marcher, on attribue à chaque petit Indien un *devoir moral* qu'il devra accomplir toute sa vie durant. La supériorité et le prestige d'un citoyen sont directement proportionnels au poids de ses obligations.

Je ne suis pas allé voir là-bas si ce qu'on raconte est vrai. Et je suis contre le fait d'atribuer des obligations à un nouveau-né sans lui demander son avis! Mais à l'heure où l'on parle déjà du droit des fœtus, n'est-il pas urgent que nous regardions la vie dans une perspective plus large? N'est-il pas nécessaire que nous prenions conscience non seulement de nos droits acquis, mais aussi de nos *devoirs*, et que s'il est vrai que nous avons quelque chose à *prendre* au sein de cette société, il est tout aussi vrai que notre vie s'exprime dans une autre dimension essentielle, à savoir *donner*.

Le généticien français Albert Jacquar disait que notre société est en train de passer d'une démocratie de gestion, comme nous l'avons connu depuis des millénaires, une démocratie qui gérait la ville, le pays, à une démocratie d'éthique, où la société devra trouver comment s'entendre pour limiter ses pouvoirs. Il faudra qu'on trouve la générosité d'établir ses propres limites, de donner à l'autre sa chance, et même ultimement de se donner sa propre chance. C'est dans ce sens que le mot donner prend toute son importance. Il faudra cesser de se regarder le nombril et voir l'autre en face qui, lui aussi, a une place au soleil.

Donner!

Oui! Vous avez bien lu. Vous n'êtes pas victime d'une hallucination. J'ai bien écrit le mot donner!

De nos jours, quand on prononce ce mot, les gens se raidissent. Ils prennent un air hésitant et vous disent:

« Allez voir le voisin, j'ai déjà donné ! » ou « J'ai donné au bureau ». Vous vous rappelez peut-être la dernière campagne de la Fédération des œuvres de charité.

Mais je ne vous parle pas ici de charité chrétienne ni d'œuvres de bienfaisance ; je ne vous parle pas de donner dans le sens d'être « charitable ».

Je vous parle de donner *au sens large, de DONNER DANS UNE PERSPECTIVE D'AMOUR, PAS SEULEMENT ENVERS LES AUTRES, MAIS ENVERS VOUS-MÊME ; PAS SEULEMENT EN TERMES MATÉRIELS, MAIS EN TERMES D'ÉMOTIONS.*

Les richesses d'une société, l'enthousiasme et le plaisir qu'elle exprime à travers ses membres ne se perpétuent pas automatiquement d'une génération à l'autre. Ce ne sont des choses acquises pour personne. Dans un sens ou dans l'autre, il faut toujours *remettre de l'eau au moulin, il faut continuer de DONNER !*

Et nous touchons ici à une notion clé que vous retrouverez tout au long de ce livre, une notion incomprise de nos jours : *l'irrationnel.* Il n'est pas rationel de donner d'abord, pour recevoir ensuite.

L'amour : un trésor irrationnel

Le mot est pourtant entré dans nos mœurs. Mais il a pris, au cours des dernières années, un sens péjoratif. Aujourd'hui, *irrationnel* est synonyme d'insensé, de dangereux, d'irresponsable, par opposition à *rationnel* qui serait synonyme d'intelligent, de sécuritaire et d'efficace.

Mais ce qui est vrai du point de vue de la recherche scientifique, du point de vue de la technologie et de toute chose exigeant une certitude parfaite, ne l'est aucunement du point de vue de la *vie en général.* Quand je tourne la clef de ma voiture, je m'attends à ce que le moteur démarre. Ma confiance repose sur des critères rationnels : l'état de ma voiture, la fiabilité du modèle et les compétences techniques de ceux qui l'ont fabriquée. Mais il me serait impossible d'envisager avec les mêmes critères ma vie au sein de la société. En comparaison de ma voiture, les gens qui gravitent autour de moi et toutes les circonstances de ma vie demeurent *intangibles*.

Vais-je en avoir pour mon argent si j'investis dans tel ou tel projet ? Oui et non, rien n'est certain. La vie n'existe pas en termes de dépôts garantis.

Vais-je arriver à soulever cette foule qui est venue assister à l'une de mes conférences ? Impossible de le savoir.

Et s'il fallait que nous soyons tous certains de ce que nous allons recevoir de la vie en retour, *avant de commencer à donner*, il n'y aurait bientôt plus personne pour donner quoi que ce soit.

Je pense à ces gens qui, au temps de Noël, mettent à la poste une centaine de cartes de souhaits ; ils offrent leurs meilleurs vœux à leurs amis. Allez les revoir l'année suivante à la même époque ; ils expédient une dizaine de cartes. Pourquoi ? Les gens n'ont pas répondu l'an dernier. Je ne leur en envoie pas cette année. Comme si je postais mes cartes de souhaits seulement pour en recevoir.

J'ai connu des coups durs dans ma vie. Des gens ont abusé de ma confiance, comme on aura sans doute abusé de la vôtre. Si j'étais foncièrement rationnel, je vivrais constamment avec ces mauvais souvenirs en tête et je me trouverais constamment de nouvelles raisons de me méfier. Ma vie serait *protégée*, mais dénuée de *passion*.

Je n'aurais pas écrit ce livre. Je ne prononcerais pas mes conférences endiablées. Et j'aurais raison. La raison serait de mon côté. « Vaut mieux prendre le plus possible et donner le moins possible », telle serait ma devise. Mais voilà qu'un beau matin je me réveillerais, comme certaines personnes, avec le sentiment d'avoir évacué l'amour de ma vie. J'aurais le sentiment d'avoir été inutile !

Comment en serait-il autrement ?

À trop vouloir mener une vie rationnelle, on finit par empêcher l'amour de s'exprimer !

L'AMOUR EST IRRATIONNEL.

DONNER EST IRRATIONNEL.

On n'aime pas, on ne donne pas parce qu'on a d'abord de bonnes raisons pour le faire.

Si vous donnez dans le but exprès de recevoir une contrepartie, ce n'est plus un don, mais un échange. Vous pourriez écrire le mot avec trois petits points : *donner...* Les trois petits points, c'est tout ce qui va arriver ensuite, toutes les conséquences que votre don entraîne. Vous ne pouvez en avoir aucune certitude. Qu'il s'agisse d'un don de votre personne, d'un don monétaire ou matériel, *le fait de donner révèle votre confiance face à la vie et face à vous-même.* Peut-être n'avons-nous plus confiance ?

Mais la mentalité d'aujourd'hui est, au contraire, *rationalisante.* Elle veut tout expliquer, tout emprisonner dans le raisonnement. Les gens d'aujourd'hui sont obsédés par la certitude. Et ce qui devrait se faire naturellement, comme le don ou l'expression d'un amour, se trouve parfois refoulé par les calculs que ces personnes imposent à leur vie.

On demanda un jour à Einstein ce qu'il pensait des ordinateurs :

– Ils m'ennuient !, s'exclama le père de la physique nucléaire. Les ordinateurs sont bêtes. Ils ne posent jamais de questions, ils ne demandent jamais « pourquoi » !

Les ordinateurs ne sont qu'une image de notre esprit rationnel. Ils ne posent pas de questions parce que la question est une chose *irrationnelle.* C'est une chose *émotive.* Placez un point d'interrogation à la fin d'une phrase qui vous laisse froid et vous verrez tout de suite la différence. Poser des questions c'est déjà admettre qu'il y a incertitude.

Et les gens qui craignent d'interroger la vie, n'essaient-ils pas au fond de s'accrocher à de fausses certitudes ?

Ne serait-ce pas la chose la plus importante à enseigner à l'école : que rien n'est assuré ? Ne devrait-on pas soulever des questions dans la tête des élèves plutôt que de penser que l'école devrait fournir les grandes vérités. Qui sommes-nous, les adultes, pour préparer nos jeunes à un monde qui ne présente qu'une certitude : il sera différent de celui que l'on connaît. Je ne me souviens pas qui a dit un jour qu'on entrait à l'école avec des points d'interrogation et que malheureusement en sortait avec des points finaux.

Qu'en est-il de nous-même ? Notre vie est un tissu de points finaux. Comme on dit si bien « Un point, c'est tout ! » Comme si la vie se résumait à un petit point sur une page blanche.

Chacun de nous oublie lui-même de se remettre en question, oublie de douter. La maturité arrive quand on peut dire : « Je ne sais pas tout. » Nos facultés universitaires, nos cégeps, nos écoles secondaires et primaires nous enseignent-ils à douter ?

Vous, les administrateurs de nos grandes sociétés nord-américaines, doutez-vous de ces énoncés que vous prononcez avec force à travers les médias d'information ? Plus prêts de chacun de nous, le directeur de la succursale bancaire ou de la Caisse populaire doute-t-il suffisamment pour continuer de poser des questions au lieu de toujours donner les réponses ?

Vous lirez souvent le mot *irrationnel* au cours de votre lecture. Ce mot devra devenir une idée fixe pour tous ceux qui liront ce livre. Et que l'on comprenne enfin que vivre la vie comme une passion amoureuse, réussir et s'épanouir ne s'atteignent que par l'*IRRATIONNEL*.

L'amour dans le monde des affaires

Ma vie est irrationnelle. Et les conférences que je donne sont à l'image de ma vie.

C'est pourquoi je n'aime pas arriver deuxième au micro dans les soirées de conférence. Mes idées originales font qu'il y a toujours au moins 99 % des chances que l'orateur précédent ne partage pas du tout mes opinions. Ce qui vous donne une idée de la façon dont il prépare mon public !

Mais, d'un autre côté, comme c'est enrichissant d'entendre des gens avec des idées différentes qui s'entrechoquent ! C'est Jane Jacobs, cette économiste vivant à Toronto, qui disait dans une entrevue accordé à *l'Actualité* de mars 1992 : « Plus on standardise, plus on tue le terrain fertile de la diversité et de l'innovation. C'est une stratégie de déclin ! » Elle a parfaitement raison. Il faut cesser de penser tous de la même façon. Peut-être faudra-t-il s'affranchir un jour du mot concensus !

Ce problème fâcheux, ou du moins délicat, s'est présenté il y a quelques années sur la côte ouest américaine, au congrès des propriétaires de restaurants de la côte ouest américaine. J'étais le second conférencier de l'avant-midi. Le premier conférencier, à 9 heures du matin, était un C.P.A., c'est-à-dire l'équivalent pour nous d'un C.A., un comptable qui analyse les chiffres des entreprises et, trop souvent, cherche des certitudes. Dans la cinquantaine, cet homme avait un hobby : il collectionnait les états financiers des restaurants qui faisaient faillite. D'ailleurs, à l'aide de diapositives, il expliqua en long et en large de quoi ils auraient l'air juste avant de « s'éteindre ».

À la pause-café, le président de l'association des restaurateurs qui m'avait invité vint me trouver et me dit : « Ils ont l'air bien bas ! Il va falloir que tu les remontes ! » Je rétorquai : « Ils ne sont pas bas, ils sont morts ! »[1]

---

[1] En langue anglaise : *They look dead !*

J'ignorais comment m'y prendre pour les ressusciter.

Alors, je me suis souvenu de ce que Joe Girard disait lui-même à propos des bons restaurants : « *Good restaurants have love coming out of their kitchen.* » (Dans les bons restaurants, l'amour sort de la cuisine.)

Et nous avons délaissé les chiffres du comptable pour parler d'*amour*, d'amour *dans la restauration et dans les affaires en général*. Était-ce possible ? Pouvait-on envisager les choses de ce point de vue ?

Cela rejoignait une question que je m'étais souvent posée. Depuis le début de ce chapitre nous avons parlé de l'amour comme étant un état d'esprit irrationnel, une chose merveilleuse en soi. Mais en dehors du fait que l'amour soit une valeur magnifique à promouvoir, est-ce aussi une valeur *profitable* ?

Les profits de l'amour

Depuis que le monde est monde, nous nous sommes évertués à déshumaniser le commerce. Nous avons proclamé qu'il n'y avait pas de sentiment en affaires. Et s'il fallait parler de l'entreprise privée dans une perspective d'amour, bien des gens auraient du mal à voir comment cela est possible, à moins de renoncer aux profits et faire de sa compagnie une œuvre de charité.

Pourtant il y a des exemples qui abondent dans ce sens. Ils ont de l'amour, de la sollicitude dans leurs entreprises et ont bien réussi financièrement. La compagnie Herman Miller Inc., aux États-Unis, en est un exemple frappant. Monsieur Max De Pree a passé sa vie à faire de cette entreprise de meubles une grande famille où l'amour entre humains régnait. On lui a dit, au début, que s'il continuait, sa compagnie deviendrait une entreprise sans colonne vertébrale. Si une compagnie devient paternaliste au point d'étouffer les employés de bénéfices sans tenir compte de leur performance, elle ne tardera pas à perdre et sombrer dans le laisser-faire. Mais les entreprises dirigées comme de véritables familles tentent d'écouter avec attention tous leurs membres, en partageant les bonnes et mauvaises périodes, et ne peuvent que s'améliorer : elles ne deviennent pas flasques et molles, mais au contraire fortes et combatives. La compagnie Herman Miller Inc. est passée d'un chiffre d'affaires de 230 millions en 1980 à 743 millions en 1987 et, à une période où tous les dirigeants se paient grassement comme nous l'expérimentons de nos jours, cette compagnie a une règle limitant les revenus de ses dirigeants à 20 fois la moyenne des salaires des ouvriers de l'usine. Ainsi, la moyenne étant de 23 500 $, les dirigeants ne peuvent gagner plus de 470 000 $. On est loin des 75,1 millions gagnés en 1991 par le président de la compagnie H.J. Heinz, monsieur Anthony O'Relly.

En revanche, nous avons eu maintes fois par le passé l'exemple de compagnies qui ont prospéré en méprisant les gens, en plaçant le profit au-dessus de toute valeur humaine. Il fut un temps pas si lointain où la concurrence était faible et où la loyauté de la clientèle était pratiquement acquise aux commerçants. Les vendeurs qui allaient de porte en porte ne se gênaient pas eux-mêmes pour mépriser leurs « prospects ». Tous les ouvrages sur la vente écrits peu avant et peu après la Deuxième Guerre mondiale regorgent d'ailleurs de techniques visant à tromper la clientèle. C'était l'époque de la « vente à pression » et l'unique intérêt était de passer sa camelote en échange d'un montant d'argent.

Vous rappelez-vous du temps où l'on disait : « Bon vendeur, bon menteur ? »

De nos jours encore, des commerçants et des vendeurs s'obstinent à voir les choses de cette façon. Mais les règles du jeu ont changé. Et le grand tort de cette époque fut peut-être de nous laisser des conceptions du commerce et des affaires qui ne collent plus à la réalité d'aujourd'hui. Et cette réalité, c'est la *conscience des gens, d'une part* et la *concurrence, d'autre part.*

Les gens ne sont plus des vaches à lait. Et se lancer en affaires dans le seul but de les exploiter, c'est courir tout droit à la faillite. Il suffit d'un rien pour qu'une compagnie s'écroule à la faveur de ses concurrents. Qu'une faiblesse se déclare ici et là, et ceux-ci s'empresseront de la tourner à leur avantage. L'échéance de la catastrophe peut varier de la petite à la grosse entreprise. C'est une question de temps.

Pourtant, ce qui me frappe encore, c'est de constater que ces faiblesses au sein des commerces et des compagnies reposent souvent sur un *manque de sensibilité envers les humains*, et que personne ne semble vraiment s'en apercevoir.

À la manière du comptable qui m'avait précédé sur l'estrade, tous ces braves gens s'évertuent à chercher l'explication rationnelle de leurs déboires. L'idée ne leur vient pas à l'esprit qu'ils ont en face d'eux un humain en la personne du client et qu'ils ont encore toute sa confiance et sa sympathie à conquérir.

J'aime ici le mot conquérir. En effet, il faut gagner la confiance des gens. Elle n'est pas automatiquement acquise. Et ce processus se fait lentement échelonné sur des années, et non sur la base trimestrielle sur laquelle on juge les actions des compagnies en Bourse.

Pendant de nombreuses années, j'ai accédé à la vie secrète d'un grand nombre d'entreprises, du petit commerce à la multinationale, en passant par la PME. Et je me suis toujours demandé pourquoi tout semblait réussir chez certains alors que d'autres échouaient dans les mêmes circonstances. Pourquoi une compagnie reposant sur de solides bases sur le plan financier finissait pourtant par envisager la faillite, alors qu'une autre compagnie, fondée avec trois fois rien, se développait et prospérait hors de toute attente ?

Joseph Armand Bombardier et son invention, la motoneige, n'avaient rien de différent de celle de monsieur J.A. Landry de Rimouski. Les mêmes principes les guidaient. Mais la ténacité d'Armand Bombardier a fait toute la différence. La ténacité d'un enfant qui aime son bricolage : la motoneige, c'était une passion qui a fait qu'il s'est acharné à bâtir, à parfaire cette machine. Cette passion, il aurait tellement voulu qu'elle se traduise dans les faits et que la « maudite machine » fonctionne quand il aurait fallu un médecin au chevet de son fils mourant. Mais elle refusa de bouger et quelle colère de désespoir devant son invention. Ceci ne fit que raviver sa passion. Il aimait ses clients et cela lui a fait dire durant la guerre, avec le rationnement des moteurs, qu'il ne prendrait pas de commandes pour des véhicules qu'il ne pouvait livrer. C'est encore l'amour de sa petite communauté qui lui a dicté de ne pas déménager l'usine de Valcourt à Montréal, même si ceci aurait facilité les opérations. Enfin, le jour où son comptable-vérificateur lui apprend qu'il est millionnaire, il rétorque que la compagnie est millionnaire, pas lui !

On a beau chercher l'explication rationnelle, peine perdue. Dans la majorité des cas, rien, absolument rien ne distinguait les gagnants des perdants à ce niveau.

En revanche, les uns démontraient souvent une chose dont les autres semblaient dénués : *L'AMOUR.*

Ils ne craignaient pas de DONNER, quelle que soit la conjoncture économique.

Ils démontraient du respect pour les gens et un plaisir particulier envers le monde des affaires.

Leur façon d'envisager la vie en général répondait moins à des modèles rationnels qu'à des sentiments IRRATIONNELS.

Portrait d'un homme irrationnel : Lee Iacocca

En somme, tout le portrait de Lee Iacocca, qui reste une figure presque légendaire aux États-Unis. Et à quoi tient-elle, sa légende, sinon à ce geste étonnant qui l'amena à la barre de Chrysler? Un geste irrationnel par lequel il s'engageait à redonner à ce géant de l'automobile au bord de la catastrophe une place privilégiée sur le marché et ceci, *sans exiger le moindre salaire mais seulement une part des bénéfices.*

Rien n'indiquait avec certitude que la compagnie ferait des profits et les revenus que Iacocca espérait en tirer semblaient reposer sur une gageure ambitieuse.

Cet homme est pourtant devenu l'un des chefs d'entreprise les mieux payés au monde, ses revenus dépassant plusieurs fois ceux de ses collègues. Et, grâce à lui, Chrysler a repris sa place parmi les meilleurs. Et aujourd'hui encore, alors que la compagnie traverse de grandes difficultés, il n'a pas hésité à investir plus d'un milliard de dollars pour un centre ultramoderne de recherche et de « design » automobile. Toujours aussi irrationnel.

Pour ceux qui ont eu l'occasion de le voir dans les annonces publicitaires, le personnage n'a pourtant rien d'extraordinaire en soi. Il pourrait bien être votre voisin et passer pour un homme tranquille qui attend la retraite en faisant des placements modestes et en arrosant les tomates de son jardin. Mais quand il vous garantit en son nom personnel la qualité des voitures Chrysler, personne ne doute un seul instant de sa crédibilité. Voilà quelques années, sans attendre la critique, il alla même jusqu'à mener une véritable campagne publicitaire pour dire aux gens qu'il reconnaissait les défauts de fabrication d'un certain modèle et qu'il veillerait *personnellement* à dédommager les propriétaires.

Les gens qui sont portés à tout rationaliser diront peut-être que le phénomène Iacocca relève d'un calcul machiavélique : il ne laisserait intervenir les bons sentiments que dans la mesure où c'est une attitude qui rapporte.

Je ne suis pas dans le secret des dieux. Quelles sont les motivations profondes de Iacocca ? Je l'ignore et je ne peux le juger que par ses gestes. Mais à supposer, en effet, que cette attitude engendre des bénéfices, que peut-on y trouver de critiquable ou de désolant ?

Qu'y a-t-il de répréhensible au fait que l'amour devienne une force économique ? N'est-ce pas, justement, une *valeur créatrice* et n'est-il pas normal qu'elle rapporte des bienfaits sur les plans personnel et social ?

25 milliards de dollars US en frites et en hamburgers

La majorité des gens n'ont pas lu Machiavel, mais la plupart voient pourtant le « machiavélisme » un peu partout, et en particulier dans le succès des grandes entreprises.

Dans les écoles de marketing, on élabore des théories complexes pour expliquer la réussite phénoménale des restaurants McDonald. On trouve « géniale » l'idée qu'ils ont eue d'aller chercher la clientèle des enfants, alors que pour le commun des restaurateurs, ces petits « monstres » représentent une calamité, une source de bruits, de dégâts et de caprices impossibles à satisfaire. Chez McDonald, ils sont traités en rois. On leur bâtit des terrains de jeux, on leur réserve des cabanes de fantaisie pour leur anniversaire et l'on travaille la présentation des aliments de telle façon que la nécessité de manger se transforme en plaisir enfantin.

L'idée a rapporté énormément.

En 1987, McDonald ouvrait un nouvel établissement toutes les 17 heures, à un moment où tous les experts prévoyaient une saturation rapide de son marché. La même année, cette simple chaîne de restaurants vendait pour 14,4 milliards de dollars US en frites et en hamburgers seulement. Aujourd'hui, 95 % de tous les Américains y prennent au moins un repas par an. Et l'on pourrait couvrir ce chapitre entier de tous les chiffres impressionnants qui se rapportent au phénomène.

Oui, les idées qui sont à la base de McDonald ont engendré d'incroyables profits.

Revenir aux valeurs de l'enfance pour transformer l'image de la restauration, il fallait y penser.

Mais à l'origine de cette idée, n'y avait-il pas aussi un *sentiment?*

Les experts en marketing ont fait beaucoup de cas de cette autre idée consistant à puiser dans les profits des restaurants pour construire des manoirs « Ronald McDonald » où les familles d'enfants malades pourraient gratuitement séjourner. Ils ont convenu, en rationalisant la chose, que c'était un bon coup de publicité et que c'était excellent pour l'image de la chaîne.

Bien sûr! Comment pourrait-il en être autrement?

Ce que beaucoup de gens ont peine à concevoir c'est que McDonald ne fut à l'origine qu'une modeste concession dans le Sud des États-Unis et que, si la compagnie a connu cette formidable expansion, *ce ne fut pas un cadeau du ciel.* Elle ne le doit pas seulement à l'intelligence de son fondateur Ray Kroc et au génie de tous ceux qui l'ont suivi, mais pour une grande part à un *état d'esprit.*

McDonald a beau représenter une imposante machine de marketing, Iacocca a beau être un homme brillant, on ne peut faire toute la lumière sur leur réussite en invoquant des arguments rationnels.

Les arguments rationnels ont d'ailleurs ceci d'étrange qu'ils peuvent aussi bien expliquer le succès d'une compagnie que la déchéance d'une autre. On peut faire dire n'importe quoi aux chiffres. Mais on ne saura jamais où finit le pieux mensonge et où commence la vérité.

En revanche, l'amour ou l'absence d'amour nous en révèle bien davantage que toute explication savante.

Il est curieux que, lorsqu'on veut parler de l'ardeur, de l'énergie de quelqu'un, de sa générosité, on dit toujours qu'il a du cœur. Et Dieu sait si le cœur peut faire toute la différence. Dans une annonce du réseau des sports TSN, parue dans le journal *Financial Post* du 27 février 1992, on y parlait du plus petit joueur de la Ligue nationale de hockey, à l'époque soit Theoren Fleury. On y disait : « On a mesuré sa grandeur, et on a dit qu'il était trop petit. On a examiné son poids, et on a dit qu'il était trop léger. Mais la chose qu'on n'a jamais mesurée, c'est la taille de son cœur. » Theoren Fleury n'avait rien pour réussir dans le hockey professionnel, si ce n'est le cœur : ce n'était pas rationnel. L'amour, comme le cœur, ne se mesure pas.

Le Périclès de l'Antiquité et le Watson d'IBM

« Amour », « sentiment irrationnel », « valeur créatrice », je me fais l'impression d'introduire tout à coup des notions qui n'ont jamais existé auparavant et d'entrer dans le monde des affaires comme un éléphant dans un magasin de porcelaine.

J'aurais beau multiplier les exemples d'amour dans l'entreprise et dans la société, il se trouvera toujours quelqu'un pour en douter et faire un procès d'intention à tous ceux qui se réclament des valeurs humaines.

Plus une compagnie est grande, plus elle s'expose à la critique. C'est naturel.

L'Américain John K. Clemens avait examiné plusieurs compagnies, en se demandant quelles étaient leurs valeurs morales – si elles en avaient ! Et cet examen l'avait conduit à faire des rapprochements surprenants entre des sociétés d'aujourd'hui et l'époque glorieuse de la Grèce antique.

Imaginez que vous êtes à Athènes, en 431 avant Jésus-Christ, dans l'une des premières sociétés démocratiques de l'histoire.

La guerre fait rage entre votre cité et celle de Sparte. Votre chef, le célèbre Périclès, grimpe sur la colline pour prononcer un discours à la mémoire des soldats tués lors des affrontements. Mais au lieu d'une oraison funèbre, le leader athénien se lance dans un portrait passionné de votre cité :

« Elle est unique ! dit-il. Elle ne copie pas les institutions de ses voisins. Il est davantage question pour nous de servir de modèle que d'imiter qui que ce soit !

Après cette introduction, il enchaîne avec un vibrant hommage à votre sentiment d'appartenance :

– Ici, dit-il, chaque individu s'intéresse aussi bien aux affaires de l'État qu'à ses propres affaires. Même ceux que des occupations personnelles accaparent davantage sont extrêmement bien informés des politiques générales. C'est l'une de nos caractéristiques : nous ne disons pas d'un homme indifférent aux politiques qu'il veille à ses propres affaires, nous disons plutôt qu'il n'a absolument rien à faire ici...

Et enfin, le voilà qui exalte les mérites de l'individu et place les valeurs individuelles au-dessus de tout, sans considération de statut ou de fortune.

– Quand il s'agit de favoriser une personne plutôt qu'une autre en matière de responsabilité publique, ce qui compte ce n'est pas l'appartenance à une classe particulière, mais les capacités véritables que possède un homme ! »

Ce que vous venez de lire nous est venu de très loin grâce à de vieux textes datant de l'Antiquité.

Mais les paroles de Périclès sont d'une actualité frappante.

Vous pourriez les traduire en anglais et les afficher dans les bureaux de IBM, les employés auront l'impression de lire exactement la philosophie de leur compagnie.

À tel point qu'on pourrait presque dire que IBM a eu son propre Périclès en la personne de son premier président : Thomas Watson.

Watson, bien sûr, ne portait pas la toge et ne maniait pas le glaive comme son illustre ancêtre. Et les circonstances qui le conduisirent à la barre de IBM sont pour le moins inusitées.

Alors que l'invention de l'ampoule menait Thomas Edison au commerce – des ampoules – et tandis que le génie mécanique et industriel menait Henry Ford au commerce – des automobiles –, Thomas Watson arrivait dans le monde des « machines de bureau » par la *vente*.

Il ne connaissait rien aux caisses enregistreuses et aux calculatrices, rien *à part la façon de les vendre*.

Et l'une des premières révolutions qu'il provoqua à la tête de la compagnie fut de faire prendre conscience à tous ces gens que la raison d'être et la survie de IBM reposaient sur un facteur primordial : *le client*.

Oui, le client existait ! Et bien loin d'être une vache à lait, c'était une réalité avec laquelle il fallait compter et qu'il fallait respecter.

Jamais auparavant dans aucune compagnie, la notion de *service* ne fut aussi bien comprise et aussi bien exprimée. Et il avait fallu un vendeur pour qu'on reconnaisse enfin toute son importance, pour qu'on se démène à installer les machines à la perfection, à aider le client, à lui prodiguer des conseils, à le prendre par la main !

Mais la révolution la plus profonde qu'il provoqua à la tête de IBM, c'est dans la vie même de l'entreprise et dans la mentalité de ses membres qu'elle éclata.

Imaginez Watson montant dans le building de IBM comme Périclès sur la colline d'Athènes ! La parenté entre les deux philosophies est frappante :

D'abord : *le sentiment d'appartenance*, ce fameux « tous pour un, un pour tous » qui a fait autrefois la gloire d'Athènes : personne ne lutte contre la personne au sein de cette multinationale. Il n'y a aucun syndicat chez IBM et l'idée même d'avoir à défendre les intérêts des uns contre ceux des autres y est complètement étrangère, ou du moins l'était. Peut-être y a-t-il eu des changements au cours des années 80.

Ensuite et avant tout : *l'individu !*

Watson avait un mot qu'il aimait prononcer, un petit mot anglais dont il fit la devise de la compagnie : *think.* Pensez ! Tout simplement et rien de plus. Et c'était en réalité ce qu'il attendait de tous ceux qui joignaient les rangs de IBM, que ce soit à titre de réparateur, concepteur, vendeur ou administrateur ; qu'ils n'arrivent pas avec l'intention de se cloîtrer dans une routine, mais avec l'esprit *disponible* et prêts à réfléchir, quitte à se mêler de choses qui n'entraient pas dans leurs compétences. La qualité et la pertinence d'une opinion l'impressionnaient bien davantage que les titres et les fonctions de la personne qui la défendait. Tout comme Périclès, il s'attachait surtout aux *véritables capacités* des gens et faisait preuve de discernement pour le reste. Il demandait aux gens de se poser des questions !

Pour Watson, d'ailleurs, rien n'était plus risible que ces salopettes dont se revêtaient les réparateurs de machines. À ses yeux, rien dans la tenue vestimentaire ne devait distinguer ces ouvriers des autres employés ni même des patrons. Après tout, ne partageaient-ils pas le même sens du professionnalisme ? Les salopettes furent donc jetées aux ordures et remplacées par des habits distingués, souliers vernis et chapeaux de feutre, ce qui allait créer une impression irrésistible sur la clientèle.

Aujourd'hui, travailler chez IBM évoque un sentiment de prestige à l'oreille des simples travailleurs, pour la bonne raison qu'au sein de cette compagnie, *personne n'est un « simple travailleur ».* Et je ne parle pas ici d'une petite entreprise où tous les gens se croisent et nouent des rapports personnels, mais bel et bien de l'un des plus gros employeurs de la planète avec un personnel de plus de 400 000 employés et un chiffre d'affaires qui, selon les experts, dépassera bientôt les 200 milliards de dollars.

Mais si IBM est devenue la multinationale que l'on sait, ce ne fut pas, encore une fois, un cadeau du ciel.

IBM ne s'est jamais distinguée de ses concurrents par ses prouesses techniques.

Sa force repose sur le respect de l'individu, l'amour du travail et la passion pour le service, trois concepts que vous pourriez résumer en un seul : *l'irrationnel*.

Connaissez-vous des chefs d'entreprise, des hommes d'affaires, à qui cet exemple pourrait profiter ?

Ah ! On sait qu'aujourd'hui la compagnie semble traverser une période difficile. Pour la première fois de son histoire, en 1991, la compagnie IBM a déclaré une perte à ses états financiers. On y remercie des milliers d'employés. Se pourrait-il qu'elle ait oublié sa mission, c'est-à-dire l'humain, ses clients d'abord et ses employés ensuite, pas la technologie, l'efficacité comme but à atteindre. Devrait-on faire un rapprochement avec la fin de la dynastie Watson à la tête de l'empire ? On a de plus en plus de ces gérants professionnels qui pensent beaucoup plus à leur bonus de fin d'année qu'à la transmission d'une culture.

La folie amoureuse

On m'a déjà reproché mon penchant « exagéré » pour les Américains. Et je ne m'en cache pas. J'aime bien les Américains. Je ris avec eux, je m'enthousiasme avec eux. Et j'ai remarqué au cours des années que nos voisins du Sud, du moins ceux que j'ai eu le plaisir de côtoyer, employaient plus souvent et plus librement le mot *love* dans leurs conversations que nous ne sommes enclins, nous les Québécois, à employer le mot amour. Et cela, malgré leur grande violence.

Mais ceci ne m'empêche pas de voir les exemples positifs chez nous.

Une compagnie bien de chez nous, Artopex, a sur le marché une chaise de bureau qu'elle a baptisée « Love ». C'est un exemple que j'ai su exploiter durant mes conférences.

Mais pourquoi pas le mot « amour » ?

Pourquoi avoir peur d'exprimer ce sentiment dans nos propres mots ?

Nos ascendances latines devraient pourtant nous disposer davantage que les Anglo-Saxons aux effusions de sentiments. Il est vrai que nous sommes des « Latins nordiques ». C'est peut-être la raison pour laquelle nous nous sentons obligés, chaque année à la première neige, de descendre dans les pays chauds pour faire les fous. C'est bien connu, un Latin a besoin de son soleil ! Comme il se fait parfois rare au Québec, la folie est une qualité qui se perd chez les Québécois.

Dans l'*Histoire de la folie à l'âge classique*, Michel Foucault racontait qu'au Moyen-Âge, en Europe, les fous étaient expulsés des villes et vagabondaient ainsi dans la campagne, comme une bande de chiens sauvages. De jour en jour, la bande grossissait et finissait par s'établir sur un terrain où naissait un village de fous. Quelques-unes des grandes villes qui font aujourd'hui la fierté de l'Allemagne, par exemple, auraient ainsi pour fondateurs une poignée d'hurluberlus.

Je me suis longtemps demandé si quelques-unes des régions dont les Québécois sont si fiers n'avaient pas vu le jour de cette façon. Et je pense en particulier à la Beauce, où l'on retrouve plus de folie au mètre carré que dans la province tout entière !

La vérité, toute la vérité et rien que la vérité !

Il n'y a rien de plus incorrigible qu'un Beauceron. De la bicyclette à déraillage automatique à la maison démontable, ils ne reculent devant rien pour se distinguer ! Et leur grand plaisir est de réussir précisément là où d'autres ont échoué.

Essayez par exemple de convaincre votre gérant de banque avec une histoire du genre de celle-ci : aller chercher de l'acier à Hamilton, le traîner jusqu'à Saint-Gédéon de Beauce et, une fois rendu là, en faire des poutrelles d'édifices pour les revendre ensuite aux chantiers de la Floride. C'est illogique !

Pourtant, c'est bien ce qu'a fait la compagnie beauceronne Canam Manac... Et ça marche encore !

Canam Manac occupe aujourd'hui, parmi les compagnies québécoises qui savent se tenir debout, une place de choix. Elle possède près de 60 % du marché canadien de la poutrelle d'acier, plusieurs usines, ainsi qu'une importante filiale américaine. Tout cela parce qu'un Beauceron a défié la logique et s'est mis à exploiter une veine en laquelle personne ne croyait. Un succès qui a déjà fait couler beaucoup d'encre. Mais un succès qui n'aurait sans doute pas vu le jour sans l'*histoire d'amour* qui unit le président Marcel Dutil à ses employés, ses fournisseurs et sa clientèle.

Marcel Dutil s'est lancé en affaires avec une foi inébranlable en certains principes, et sa manière de gérer les choses ne s'est jamais démentie depuis ce temps. S'il y a une chose que cet homme déteste et refuse par-dessus tout, c'est le mensonge sous toutes ses formes. Il n'y a pas de place pour le mensonge chez Canam Manac, ni même pour le demi-mensonge ou le pieux mensonge. N'est-ce pas la marque du respect ?

« *Tu dis la vérité et rien que la vérité à tes employés*, disait-il dans une interview accordée au journal *Les Affaires*. *Si tu as promis quelque chose, il faut que tu*

63

respectes ta promesse, même si cette promesse était une erreur. »

Entre lui et ses employés règne une confiance étonnante qui leur permet, chaque année, de s'asseoir ensemble dans le petit théâtre de Saint-Gédéon pour négocier la convention collective, sans demander l'aide d'un avocat et sans aucun arbitrage. Pour le patron ordinaire, cela équivaudrait à se jeter dans la fosse aux lions !

Pour le patron de Canam Manac, le respect d'autrui est la plus grande des valeurs humaines et il n'hésite pas à considérer le personnel de son entreprise comme un partenaire, au même titre que les actionnaires ou les membres du conseil d'administration.

« Quand les affaires sont bonnes pour la compagnie, souligne-t-il, il faut que ça profite aussi aux employés. Il faut qu'eux aussi aient leur récompense pour les efforts fournis... Quand les temps sont durs et qu'il faut se serrer la ceinture, on peut alors demander aux employés de faire un sacrifice... Demander leur collaboration uniquement quand ça va mal et ne rien leur donner quand ça va bien, ça ne marche pas. Tu ne peux pas avoir la confiance des employés avec ça. »

Cet esprit d'entraide et de respect chez Canam Manac ne s'arrête d'ailleurs pas aux rapports entre Marcel Dutil et son personnel, mais déborde aussi sur la clientèle et même sur la concurrence. Quand la compagnie Truscon, de Ville Lasalle, tomba en grève, le premier réflexe de Dutil fut d'offrir ses services aux clients lésés afin qu'ils ne manquent de rien. Et pour bien montrer qu'il ne cherchait nullement à exploiter la situation, il proposa aux gens de Truscon d'établir eux-mêmes les factures à leur nom et au montant habituel. Bien des compagnies auraient vu là l'occasion inespérée d'élargir leur clientèle au détriment de l'autre. Bien des compagnies auraient attendu de voir l'autre succomber à la faillite pour ensuite filer avec le magot.

Pourquoi Marcel Dutil lui-même n'en a-t-il pas profité?

La logique n'aurait-elle pas voulu qu'il se graisse la patte comme la plupart des entrepreneurs l'auraient fait?

Vous pourrez invoquer tous les arguments logiques du monde, l'exemple de Canam Manac vous renverra encore une fois à l'*irrationnel*.

La relation de Marcel Dutil au monde des affaires en est une de *passion amoureuse*.

Une conception choquante ou réaliste ?

La conception que je mets de l'avant dans ce chapitre peut choquer et continuera sans doute de choquer quelques personnes. J'en suis conscient et je prends ce risque. Certains ont peut-être déjà refermé le livre en se disant : « Mais comment peut-on penser des choses pareilles ? Les compagnies ne sont là que pour faire de l'argent. Point final. L'amour n'a rien à y voir. »

En 1987, les Pharmescomptes Jean Coutu réalisaient des profits de plus de 11 millions de dollars pour un chiffre de vente de plus de 239 millions. Elles occupaient alors le deuxième rang en Amérique du Nord pour les ventes annuelles en pharmacie, ce qui se traduisait par 760 dollars de marchandise vendue au pied carré.

Mais comme le fondateur Jean Coutu tenait lui-même à le souligner : « Il n'y a pas juste des lignes de chiffres dans cette affaire. Nous ne sommes pas une compagnie de piastres ; n'importe qui peut remplacer ce genre d'entreprise. *Nous sommes une compagnie humaine, ce qui en retour nous fait faire de l'argent... Le plus grand écueil pour une entreprise de notre taille*, ajoutait-il, *c'est de perdre le contact avec les gens qui nous font vivre.* »

Et ce sont malheureusement des choses qui peuvent arriver et arrivent.

Je ne cherche pas, dans ce chapitre, à prouver qu'il est impossible de fonder une entreprise ou même de faire quoi que ce soit dans la vie sans amour et de réussir quand même son coup pendant un certain temps.

Nous avons tous les jours sous les yeux, des exemples d'injustice, de conflits, d'idiotie et d'indifférence qui semblent réussir.

Oui, on peut fonder une entreprise sur le mépris et le mensonge. Oui, on peut vivre dans l'obsession du rationnel... oui, on peut bannir l'amour de la société et en faire quand même un monde « supportable » jusqu'à un certain point et pour un certain temps.

Mais le contraire est aussi vrai.

Nous avons un potentiel d'amour.

L'amour est là et il demande à s'exprimer.

Peu importe la réalité, nous avons la capacité de la *dépasser.*

De tout temps, d'ailleurs, les *self-made men* nous ont fascinés. Nous avons toujours voué une certaine admiration à ces bâtisseurs d'empire qui étaient d'origine modeste, ni plus riches, ni plus instruits que le commun des hommes. Mais, si nous les admirons tant, n'est-ce pas en bonne partie parce qu'ils sont la preuve qu'*on peut dépasser une réalité*, qu'on peut créer des choses en partant de trois fois rien, *sur la base d'un sentiment irrationnel?*

Ils se baignaient à la même eau

Si vous allez à Kingsey Falls, vous serez peut-être frappé d'apercevoir sur la route, à égale distance l'une de l'autre, trois maisons et, derrière celle du centre, une seule piscine dans laquelle tous les enfants du voisinage semblent se baigner. Ces trois maisons appartiennent aux frères Lemaire et à leurs épouses, qui ont fait fortune dans l'industrie du carton et papier. Pourquoi une seule piscine quand on a les moyens de s'en payer une trentaine ? Parce que les Lemaire adorent se baigner dans la même eau ! Ils ont dans le sang un irréductible esprit d'équipe.

Et ils ont su traduire cet *esprit d'équipe* par l'une des plus belles réussites financières de la province.

Leur compagnie, Cascades, est un peu dans la même lignée que Canam Manac. Et son histoire peut facilement paraître aussi invraisemblable. Les frères Lemaire ont bâti un véritable petit empire *dans un domaine dont ils ne connaissaient presque rien au départ* : le carton et les papiers spécialisés. Non contents d'avoir à surmonter ce handicap d'ignorance, ils allèrent jusqu'à acheter une usine désaffectée dont personne ne voulait pour y poser les premiers jalons de leur compagnie. Rapidement, le miracle s'accomplit, l'usine fut remise à neuf et commença à produire.

Leur intérêt se porta alors sur une usine du Lac Saint-Jean qui faisait à l'époque les cheveux blancs des patrons et la colère des employés. Rien n'allait plus. L'usine allait fermer ses portes et l'on prédisait que le dernier conflit de travail lui porterait le coup de grâce en raison d'un climat pourri et d'un syndicat dont on prétendait qu'il avait «le bras trop long ». Les frères Lemaire achetèrent quand même l'usine et *sans qu'on puisse vraiment expliquer pourquoi, tout changea aussitôt. Un courant de sympathie éclipsa la discorde.* Mettant cartes sur table, les frères Lemaire avertirent leurs nouveaux employés qu'il serait difficile de remonter la pente, qu'il faudrait même réduire les salaires et couper dans les bénéfices marginaux, mais que si chacun y mettait du sien, tout leur serait rendu bientôt avec pleine compensation. *Un an plus tard, l'usine était rentabilisée et tout ce que les ouvriers avaient perdu leur fut rendu intégralement.* Encore une fois, au cours de l'année 1992, Bernard Lemaire dû donner l'heure juste au personnel de l'urgence, les avertissant d'une fermeture possible si tous ne mettaient pas la main à la pâte.

Aujourd'hui, Cascades est l'un des plus grands producteurs de carton au Canada et en Europe, et l'on peut maintenant parler d'un véritable sentiment d'appartenance chez les employés de ce nouveau géant.

Et ce fut, encore une fois, des gens d'origine modeste qui en furent les protagonistes, des gens partis de presque rien pour *dépasser une réalité*, mais qui possédaient la plus grande des richesses : *celle de leurs sentiments, celle de se fier à leur intuition et de traiter les gens avec respect.*

Le message de Mère Teresa

Tout cela est très beau. Mais j'ai maintenant l'impression, et avouez que ce serait bien drôle, de donner à penser que l'amour ne doit se manifester que dans les affaires. Qu'en est-il de l'éducation, de la technologie, des sciences, des arts, du *show business*, de la politique, du sport, et de la vie en général ?

Un matin du printemps 86, je prenais part à un déjeuner de la prière en compagnie de 2 800 personnes. Nous étions tassés les uns contre les autres dans un hôtel de Montréal et n'avions pour tout repas qu'un croissant rachitique et un petit gobelet de café. Parmi cette foule, se trouvaient des gens d'un certain âge et d'un certain revenu qui avaient l'habitude du confort. Mais aucune plainte ne s'élevait. Tous les yeux étaient braqués avec respect sur le rideau qui devait s'ouvrir d'un instant à l'autre sur la grande invitée d'honneur du déjeuner.

Quelque chose de particulier était en train de se produire sans qu'on puisse dire quoi exactement. Les titres, les fonctions, la célébrité, l'âge, le revenu et toutes les étiquettes sociales semblaient s'être évanouis derrière une qualité qui nous liait tous les uns aux autres : notre identité *humaine*. Il n'y avait plus dans la salle que 2 800 humains dans toute leur nudité.

Alors le rideau s'est enfin ouvert sur une petite dame très âgée, vêtue d'une modeste robe et d'un voile. Une petite dame au visage ridé qu'on avait dû soutenir jusqu'au petit banc sur lequel elle s'était assise, au milieu de l'estrade. Je ne vous ferai pas languir davantage sur l'identité de cette invitée d'honneur que le monde entier connaît aujourd'hui sous le nom de Mère Teresa!

Calcutta, cette ville où meurent chaque année plus d'un million d'enfants, où chaque année grâce aux soins de cette petite dame, plus d'une trentaine de milliers survivent. Calcutta, cette ville où les gens mouraient dans les rues comme des bêtes avant que Mère Teresa ne leur apprenne à mourir dans la dignité et à vivre dans la dignité.

Au-delà des croyances religieuses, au-delà de toute considération, y a-t-il plus belle expression de l'amour?

Quand on demande à Mère Teresa si elle se rendait compte à quel point ses efforts n'étaient qu'une goutte dans l'océan de la misère, elle répondit : « *Mais avez-vous réalisé que l'océan ne serait pas le même s'il n'y avait pas cette goutte-là ?* »

Absurde? Non.

Irrationnel? Oui!

La vie de cette femme est le symbole même de l'irrationnel.

La solitude : notre « famine »

En parlant de l'Amérique, et de Montréal en particulier, aux 2 800 personnes massées devant l'estrade, Mère Teresa nous trouvait heureux de n'avoir pas à souffrir de la faim. Mais pourtant, avec une étonnante lucidité pour une dame qui a vécu si longtemps au milieu de la famine et de la lèpre, elle se disait émue par cet autre mal dont souffrait un si grand nombre d'entre nous. Ce mal qui n'était autre que la solitude, le peu de reconnaissance et d'attention qu'on se porte les uns aux autres.

« Mère Teresa !, s'est alors exclamé un homme d'affaires, vous avez tellement raison ! Mais que peut-on faire, nous, les gouvernements, les entreprises, pour soulager la solitude qui règne dans Montréal ?

Et Mère Teresa de lui répondre, avec un sourire que je n'oublierai jamais :

– *Va les voir !* »

Je ne sais pas si cet homme s'est en effet donné la peine d'aller frapper aux portes des gens seuls et désespérés. D'ailleurs, même s'il l'avait voulu, son emploi du temps l'en aurait peut-être empêché ! Ce qui aurait servi d'excuse à la plupart d'entre nous.

Le déjeuner se termine, Mère Teresa s'en retourne, les gens reprennent leurs habitudes. Et l'on peut se demander s'il en est resté quelque chose de tangible, à part le souvenir d'un bon moment passé ensemble.

Mère Teresa est bien sûr un phénomène. Il serait exagéré de la donner en exemple. L'amour qu'il incarne prend une dimension universelle. Elle a fait don de sa propre personne à la cause des pauvres et des malades.

Elle vit dans la dévotion et le sacrifice.

C'est *son* chemin, j'ai le *mien* et vous avez sans doute le *vôtre*.

Mais vous pouvez tirer de cet exemple l'idée profitable que *l'amour n'est pas uniquement une question d'attirance affective entre quelques personnes.*

L'amour est un principe de vie.
Un principe de vie et de réussite !
et cela, même en affaires.

CHAPITRE

3

Les raisons du cœur

Mes slogans sont connus à travers le Canada et le Québec. Moi qui ne fais pas de politique, je pourrais facilement passer pour un harangueur de foule! *C'est toi qui mènes, Réussir au Québec pourquoi pas?, C'est toi le champion, Mets-y du cœur, Aide les autres et le ciel t'aidera...* autant de slogans qui m'ont permis de rejoindre beaucoup de gens, mais qui ont fait sourire certains d'entre eux. Cette façon de communiquer est souvent indispensable si l'on veut retenir l'attention. Mais, ce que je trouve regrettable, c'est le sentiment qu'avec le temps la conférence sera oubliée et qu'on n'en retiendra que ces quelques formules trop sommaires.

Que se cache-t-il vraiment derrière ces slogans?

Et, puisque nous allons en parler, que renferme ma formule «*Mets-y du cœur*» que je ne cesse de répéter depuis quelques années?

Réapprendre les mots du cœur

Beaucoup de gens ne connaissent que le sens péjoratif de cette petite phrase. Ils ont horreur qu'on leur dise «Mets-y du cœur!» parce qu'ils ne peuvent s'empêcher d'y voir un appel au travail, au surmenage, au sacrifice de soi, alors que c'est tout le contraire!

D'autres y voient un appel à l'aliénation. Ils imaginent aisément des fanatiques brandissant ce slogan pour abrutir les gens et leur faire avaler des absurdités. Pour eux, « y mettre du cœur » est en conflit avec « réfléchir » alors qu'au fond ces deux aspects devraient se réconcilier.

Enfin, d'autres, plus nombreux, y voient un appel au sentimentalisme, une valorisation agaçante des émotions qui, selon eux, demeurent des choses instables dont il faut se méfier, même si elles semblent parfois très belles. Alors que se méfier du cœur revient à se condamner, à se méfier de soi et, pire encore, à tout faire pour entraver la libre expression de la vie.

Ma conception du cœur, comme vous pouvez le deviner, est donc très *éclatée* en apparence. Et comment pourrait-il en être autrement ? Si je vous proposais une définition limitée et rigide du cœur, l'accepteriez-vous sans malaise ?

Ce que beaucoup ne semblent pas comprendre aujourd'hui – et je fais allusion à l'esprit rationnel et scientifique – c'est qu'à trop vouloir parler du cœur avec les mots de la tête, on en donne une image appauvrie. Pire encore : une image fausse !

« Le cœur a ses raisons que la raison ne connaît pas », dit le vieux dicton.

Mais ne serait-il pas merveilleux que la raison s'imprègne enfin de la sagesse du cœur, que le cœur et la tête arrivent enfin à se réconcilier ?

Comment voyez-vous le cœur ? Comme un grain de sable indésirable dans la machine rationnelle de votre tête ou comme le moteur de la vie ?

Pour moi le cœur c'est le moteur de la vie qui fait avancer dans la vie ! La tête c'est le « brake » qui freine ! Les gens m'ont souvent reproché de dire le mot anglais « brakes » au lieu de freins. Je répondais chaque fois, c'est parce que les « brakes » freinent plus que des freins. Et la tête cela freine vraiment tout l'élan qui vient de l'intuition.

Oh ! Je ne voudrais pas prétendre qu'il ne faut pas de freins. Je n'oserais pas monter dans une voiture sans freins. Mais je n'irais nulle part si la voiture n'était pas équipée d'un moteur. Mais on semble toujours avoir peur que le moteur s'emballe ! Pourquoi ?

La liberté du cœur

Le grand philosophe et romancier Albert Camus a écrit un jour que toutes nos réflexions sur l'existence devraient se résumer à une seule question : « La vie vaut-elle la peine d'être vécue ? » Le reste : comment tournent les planètes, comment sont faits les atomes, d'où vient l'univers, où nous mène-t-il, ne seraient en comparaison que de simples jeux intellectuels.

Ce qui a précédé notre naissance et ce qui suivra notre décès demeurent sans doute des questions touchantes, peu importe qu'on les examine du point de vue de la science ou du point de vue religieux. Mais il n'en reste pas moins que cette vie, vous l'avez reçue. Et vous avez la liberté, plus importante que toute autre considération, d'y mettre fin ou de l'accepter. Et Dieu sait si on remet en question ces temps-ci l'acceptation ou le rejet de la vie. Pensez au problème de l'avortement, du suicide, de l'euthanasie !

C'est une vérité parfois lourde à supporter et je suis conscient de prendre certains risques en la soulignant. Car je suis convaincu qu'elle angoisse beaucoup de gens, peu importe leur âge ou leur classe sociale.

La liberté en elle-même, avant d'être assumée, est une source d'angoisse universelle pour tous les êtres humains. Le très ancien livre de la Bible faisait même remonter au péché originel et au libre arbitre (qui avait fait de l'homme un enfant laissé à lui-même, libéré de la protection permanente de Dieu) le point d'origine de tous ses *tourments*. Seul devant le monde, l'homme devint le seul juge de ce qui était bien ou mal et dut alors avancer en faisant ses propres choix.

Que l'on soit en accord ou non avec les énoncés de la Bible, la portée universelle de cet enseignement ne sera jamais compromise. Car, au-delà de toute opinion, *nous restons libre de choisir si la vie vaut ou non la peine d'être vécue*. Essayer de renoncer à cette liberté ou s'efforcer de la nier, c'est choisir toujours en toute liberté d'être inconscient. Même en ne prenant aucune décision, on décide de ne rien faire. Et décider, c'est risquer de se tromper.

La science, qui fut souvent en conflit de pouvoir avec la religion, a été amenée à contester ce choix originel. Au fil des siècles, elle a multiplié découvertes sur découvertes et s'est souvent servie de ces dernières comme argument pour démontrer l'absence de liberté chez l'humain.

Il est curieux de voir qu'on a tenté de rationaliser le cœur, l'appelant pour ce faire l'inconscient. Et cela dit, depuis le début de cette science qui regroupe la psychologie, la psychiatrie, la psychanalyse, on a tout défini en fonction de la maladie. On cherchait des malades. Pas surprenant alors qu'on a éliminé le mot cœur de notre langage. On a en fait, grâce à cette analyse toute médicale, donné du cœur une image maladive.

Freud ne croyait pas au bonheur. Il disait lui-même à propos de ses patients que la psychanalyse ne les rendrait jamais heureux, mais qu'elle aurait au moins le mérite « de leur rendre la vie supportable » !

Mais une vie « supportable » vaut-elle la peine d'être vécue ?

Le drame des camps de concentration

« Les hommes ne sont pas des fourmis, », écrivait le psychologue Bruno Bettleheim dans son merveilleux livre *Le Cœur conscient*, « ils préfèrent la mort à une existence de fourmilière. »

Ce rescapé des camps de concentration allemands citait en exemple le fait troublant que les femmes et les hommes, réduits à vivre dans un état bestial, creusaient *eux-mêmes* leur propre tombe avant de s'y laisser tomber, sous les balles des nazis. En exemple aussi le fait plus troublant encore qu'il n'y avait souvent que deux soldats pour escorter les victimes sur le chemin des camps de la mort des groupes de plus de cent condamnés qui savaient, pourtant, le sort qu'on leur réservait.

Certains ont pu objecter que ces condamnés avaient été à ce point réduits à l'état de bêtes impersonnelles qu'ils en avaient perdu toute notion de conscience. Pourtant, Bettleheim raconte à leur décharge l'incident qui eut lieu à Auschwitz et qui démontra qu'en une seule fraction de seconde un humain dégradé peut recouvrer le respect de soi, perdu durant plusieurs mois d'humiliation.

Ayant appris qu'une des condamnées alignées nues devant la chambre à gaz avait jadis exercé le métier de danseuse, un garde nazi lui ordonna de sortir des rangs et de lui faire un pas de danse. La condamnée s'exécuta, approcha de son bourreau en roulant des hanches, s'empara de son arme et le tua. Elle fut aussitôt abattue par les autres gardes, ce à quoi elle s'attendait de toute façon.

Cette femme était-elle un *être humain* ou une simple « machine biologique » ?

Démembrer cette victime en petits morceaux afin de les analyser un par un, puis combiner les en autant de théories que le veut l'esprit scientifique, *est-ce bien suffisant pour comprendre son geste terrible ?* Non ! Il faut faire appel au cœur pour expliquer ce geste suicidaire.

« La bombe et l'orchidée » / Le cœur et l'ordinateur

Dans *La bombe et l'orchidée*, le regretté Fernand Seguin comparait la complexité et l'harmonie parfaite d'une fleur à celle de la bombe binaire sur laquelle les savants travaillent depuis des années. Avec ironie, l'auteur décrivait les efforts de la recherche militaire pour arriver à produire des mécanismes meurtriers qui rivaliseraient de perfection avec les mécanismes naturels de l'orchidée.

Mais rien n'est plus parfait qu'une fleur. Et les efforts des savants s'avèrent stériles. Ils cherchent la perfection sans jamais l'atteindre.

Il en sort une bombe imparfaite, mais faites-leur confiance : elle n'en est pas moins dévastatrice !

Cette histoire me fait songer à celle de ces experts en informatique qui essaient de s'inspirer du cerveau humain pour concevoir des circuits d'ordinateurs.

Pourquoi pas ?

Mais, parmi ces experts, certains croient fermement qu'un jour l'ordinateur aura si bien imité l'humain que l'intelligence artificielle rivalisera avec *l'intelligence naturelle*.

Ces experts font cependant face à un grand problème « technique » : comment fabriquer un cœur à la machine ?

Alors, ils dissèquent, ils analysent le cerveau humain à la recherche d'une explication. Descartes nous a rendu un mauvais service en prouvant que pour comprendre le tout il fallait toujours tout disséquer.

Mais encore une fois, tous les efforts tombent à plat !

Doit-on en conclure que le cœur humain ne s'explique pas ?

D'ailleurs, n'est-il pas inquiétant que la revue américaine *Times* ait choisi comme « Homme de l'année » pour l'année 1982 l'ordinateur. Mais est-ce un homme ? Est-ce un humain qui peut poser les vraies questions de la vie ? Einstein, à qui on demandait un jour ce qu'il pensait des ordinateurs avait répondu : « Ils sont de grandes valeurs ! Malheureusement, ils ne demandent jamais « pourquoi ? »

Expliquer versus exprimer !

Jean-Marc Chaput serait-il contre la science ?

Rassurez-vous. J'ai beaucoup d'amis scientifiques et nous nous entendons très bien, merci !

Ce n'est pas la science que je pointe du doigt, *mais les mentalités d'aujourd'hui, notre tendance à tout rationaliser, à tout vouloir expliquer.* Vous pouvez n'avoir aucune culture scientifique et tomber quand même dans ce piège.

Et la conséquence de ce piège, c'est qu'à force d'EXPLIQUER, de voir la vie sous l'angle de l'explication, on devient incapable d'EXPRIMER.

J'admire, dans le livre *Comme un roman* de Daniel Pennac, cette idée que l'on ne conte plus les livres aux enfants ; on voudrait au contraire qu'ils comprennent l'histoire et puis on passe à autre chose. Eux veulent de nouveau le même livre, la même histoire. Il dit : « Nous étions son conteur, nous sommes devenus son comptable[1] ». Paraphrasant cette idée, je dirais que chez nous avec ce besoin de tout expliquer, chez nous, on est passé au Québec d'un peuple de conteurs à un peuple de comptables. On ne raconte plus l'histoire de la fondation de Montréal, on l'explique avec statistiques à l'appui. Nos historiens sont quasiment tous des économistes ou des comptables agréés.

L'EXPLICATION relègue l'EXPRESSION au deuxième plan.

Vous me direz peut-être que c'est faux, que les gens s'expriment, qu'on leur demande de plus en plus de le faire au sein des compagnies, dans les écoles, les universités et dans la société en général et que cette société abrite plus d'artistes qu'elle n'en a jamais abrités.

---

[1] Pennac, Daniel, Comme un roman, édition, Gallimard, 1992, p. 52.

77

Mais je vous renvoie la question : comment se fait-il qu'on doive de plus en plus demander aux gens de s'exprimer pour qu'ils le fassent ? Et comment se fait-il qu'en songeant à l'expression, on songe automatiquement aux artistes ?

Beaucoup de gens aujourd'hui ne s'expriment qu'en état d'ébriété ou sous l'effet de la drogue ou alors, délèguent leur besoin d'expression aux artistes qu'ils regardent à la télévision ou qu'ils écoutent à la radio.

Pourtant, je me souviens avec plaisir qu'un soir, vers 10 heures, en revenant de l'aéroport de Dorval, et, prenant le boulevard Métropolitain vers l'Est, je m'étais retrouvé dans un embouteillage monstre. Je me disais : « Passe pour une circulation intense à l'heure de pointe, mais le soir comme en ce moment, c'est impossible et infernal. » Je baisse alors la vitre et demande au camionneur captif comme moi à ma gauche :

– Que se passe-t-il ?

– Ce sont les Italiens ! répond-il.

– Les Italiens ! Qu'est-ce qu'ils ont fait ?

– Ils ont gagné au Mondial de football.

– Quoi ? Mais où ça ?

– Quelque part en Europe, en Espagne je crois !

Pouvez-vous croire ! Les Italiens gagnent en Europe et ils bloquent la circulation à Montréal : heureusement qu'ils n'ont pas gagné à Montréal ; on aurait tout fermé pour trois jours. Mais c'était l'expression de la joie, de la fierté ! Cela n'était pas une explication.

Comment interprétez-vous ce phénomène ?

L'EXPRESSION, la véritable EXPRESSION ne devrait-elle pas venir spontanément et être une partie intégrante de notre vie ? Comme pour les Italiens, ce peuple si chaleureux et exubérant !

Ne devrions-nous pas considérer notre vie elle-même, tout entière, comme une EXPRESSION, UNE EXPRESSION DU CŒUR?

La tête explique, le cœur exprime !

L'expression est ouverte, ouverte sur la vie et sur le monde. Elle n'essaie pas de prouver quoi que ce soit, elle exprime. Alors que l'explication tend à se *refermer* sur les choses, elle essaie de s'y conformer, mais pour mieux les *réduire à elle-même. Elle explique*, point final.

Exprimer, c'est faire un acte de *cœur*. Expliquer, c'est réaliser un acte de *tête*. Voilà peut-être la différence essentielle entre l'artiste et le scientifique.

Ce qui accroche le public chez ce grand scientifique qu'est Hubert Reeves, c'est justement cette capacité de laisser parler son cœur, de savoir que finalement on ne pourra jamais expliquer la poésie, on ne fait que la dire, l'exprimer. D'ailleurs, dans un de ses livres intitulé *Malicorne*, à la toute fin du volume, il raconte qu'à la suite de conférences, on lui demande souvent s'il croit que Dieu existe et il répond que si Dieu existe, il a changé ; de certitude qu'il était il y a quelque cinquante ans, il est devenu questionnement. Ce qu'il dit en fait, c'est qu'on est passé d'un Dieu de tête avec toutes ses explications à un Dieu de cœur sous toutes ses formes, avec expression.

Mais il est faux de prétendre que ces deux actes sont incompatibles. Ils le deviennent seulement quand l'obsession d'expliquer prend le dessus et finit par brimer l'expression libre de la vie. À partir de ce moment, ce pouvoir d'expliquer se coupe lui-même de ses propres sources : le *cœur* et son *intuition*. Et vient ensuite l'impuissance à renouveler l'explication. De là notre impression que tout a déjà été dit, de là notre sentiment que la réalité nous échappe, que la vie est pauvre et que le dynamisme a disparu.

Combien de plaintes avez-vous entendues à ce sujet?

Combien de gens vous ont confié leur impuissance à comprendre la vie, à sentir les choses?

Combien j'ai visité d'entreprises où j'ai rencontré des humains blasés qui n'osaient même plus parler, qui vivaient en automate estampillant à longueur journée des feuilles de métal, ne ressentant plus rien à l'intérieur. On leur avait coupé la parole, car on leur avait tout expliqué.

L'intuition des Amérindiens fut jadis proverbiale. Les Indiens de naguère, au Lac Saint-Jean, pouvaient avancer très loin dans une forêt épaisse, sans boussole ni aucun repère artificiel et revenir aussi facilement à leur point de départ. Notre éducation de Blancs, *rationalisante, explicative à outrance*, s'est alors chargée de leurs enfants. Quelques générations plus tard, les résultats furent si malheureux qu'on dut même *interdire aux jeunes Indiens d'aller seuls en forêt en raison de leur déplorable sens de l'orientation!*

«Vous nous avez montré à porter des souliers, confia un indigène d'Amérique du Sud à un guide du *Club Aventure*, et depuis ce jour, nous *ne sentons plus la terre sous nos pieds, ses promesses, ses menaces de sécheresse, de tremblement de terre...*»

Bien avant l'invention de nos méthodes archicompliquées de prévisions météorologiques, mon grand-père pouvait prédire avec une exactitude surprenante le moindre changement dans l'air *juste en le respirant à pleines narines*. Son nez était légendaire. *Il avait du pif!*

Mais qu'avons-nous fait du nôtre? Et de celui de nos enfants?

Qu'avez-vous fait du *vôtre*?

Où est passé l'inspiration? l'intuition? Je me souviens un jour d'avoir demandé à «Maman» (mon épouse) de rencontrer avec moi quelqu'un que je désirais employer comme gérant à mon centre de traitement des données.

Après un repas copieux et un échange chaleureux, le jeune homme et sa femme quittèrent la maison et, tout excité, me tournant vers ma femme, je lui dis : « Puis ! Qu'en penses-tu ? Excellent, n'est-ce pas ? » Elle me répond alors avec délicatesse. « Je pense que tu fais une erreur ! » « Pourquoi ?, lui ai-je demandé. Comment le sais-tu ? Qu'est-ce qui te fait dire ça ? » Et elle de rétorquer : « Il porte des bas blancs ! » « Quoi ?, lui dis-je, des bas blancs ? Mais quel est le rapport avec le travail de gérance ? » « Je ne sais pas ! » me dit-elle, mais je crois que ce n'est pas ton homme. » Les mois qui suivirent lui donnèrent raison car je l'avais embauché malgré son avis et j'ai fait une erreur : j'ai dû le laisser partir au bout de six mois. Pourtant, j'ai connu des gens par la suite, des gens avec des bas blancs qui ont été d'excellents directeurs. Non ! Ce n'était pas à cause de ces bas blancs ! Et il ne faut pas chercher d'explication. Céline s'était servie de son intuition.

TRUST ME !

Contrairement au français, l'anglais a deux façons de traduire le mot confiance. *Confidence*, la première implique toujours des raisons logiques de faire confiance. Mais *TRUST*, la deuxième, méprise la raison et n'obéit qu'à l'intuition du *CŒUR*. Les Américains ne diront jamais : « In God we have confidence ! » Rien ne serait aussi ridicule ! Mais bien plutôt : « IN GOD WE TRUST ! » Vous pouvez tout de suite deviner si un Américain vous traite en ami et croit en vous par le mot choisi pour vous exprimer sa confiance. I TRUST YOU est son plus grand gage d'amitié et de respect.

Ce n'est pas le mot « confidence » qui fera agir un Américain, mais bien le mot TRUST. Que la tête ait confiance ne suffit pas. Il faut que cette confiance vienne du cœur. Au Québec, en français, on a senti besoin de le prendre ce mot tel quel : on dit « Le trusts-tu ? » Et l'interlocuteur de répondre « Non ! » On rétorque à brûle-pourpoint : « Moi non plus ! » On ne donne jamais la raison qui nous pousse à ne pas faire confiance.

Je vois pourtant quantité de gens aujourd'hui qui cherchent à agir avec la tête et, dans un sens large, à *vivre* avec la tête. Ils calculent, ils expliquent, ils freinent les élans de leur cœur et, au bout du compte, s'enfoncent dans l'inertie.

Pour reprendre encore une fois une image que j'aime bien, ces gens vivent avec le pied enfoncé sur le « brake ». Une crise économique ? Des problèmes personnels, professionnels ? Voilà pour eux autant d'occasions d'enfoncer les « brakes ».

Mais avez-vous déjà essayé de monter une côte sur les « brakes » ?

C'est pourtant ce que font ces gens : ils oublient le cœur et concentrent tout sur la tête. Ils traitent leurs émotions avec méfiance, ne font preuve d'aucune intuition et s'évertuent à chercher l'explication à leurs déboires. Bref, ils noient le MOTEUR. Leur tête agit comme un frein sur la partie vitale de leur être : le cœur.

À voir ces gens s'empêtrer, la tentation est grande d'essayer encore d'expliquer comment ils ont pu en arriver là, de soumettre leurs problèmes à des psychologues. Pourquoi pas ?

Mais une explication les fera-t-elle sortir de leur inertie, à plus forte raison quand cette explication ne peut être qu'imparfaite ?

Vous avez dû connaître des problèmes personnels au cours de votre vie. Comment en êtes-vous sorti ?

En faisant des plans, des stratégies, est-ce que l'on se sort de problèmes ? Ce n'est pas en passant à l'action selon une certaine intuition que le temps passe, que les problèmes semblent se régler par eux-mêmes. Expliquer pourquoi on pleure ne fera jamais faire autant de chemin pour s'en sortir que de pleurer à chaudes larmes pendant un bon bout de temps, puis de passser à l'action !

L'explication de ces problèmes vous a-t-elle suffi ? N'a-t-il pas fallu aussi que le cœur s'exprime, que vous cherchiez la solution avec confiance, avec un sentiment de « TRUST » ?

La peur des sentiments

Un psychologue, désabusé ou simplement détraqué, écrivit un jour un article qu'il intitula : « Ce que l'on appelle l'Amour est pathologique ».

En disséquant le mot « pathologique » par ses racines, j'ai découvert qu'il provenait du mot « pathos », ce qui en grec signifie... passion ! Je me suis alors demandé quel était cet étrange phénomène qui nous avait fait voir, nous, les hommes et les femmes modernes, quelque chose de si morbide dans nos sentiments. Avouez, tout de même, que le terme *pathologique* ne soulève en nous rien de bien réjouissant !

C'est peut-être pour cette raison, par association d'idées et par notre éducation parfois refoulante, que nous éprouvons si souvent un malaise à *exprimer nos sentiments*. Nous préférons de beaucoup chercher des *explications* rationnelles à nos actes et à ceux des autres. Au sein même de plusieurs entreprises, ce refoulement peut conduire à de véritables crises internes. Quand j'y suis appelé à titre de conférencier, je sens parfois un tel climat de tension que toutes les pirouettes des patrons et des employés visant à me cacher la situation ne la rendent que plus évidente. Les gens des compagnies *cachent* leurs chicanes tout comme les couples cachent les leurs aux voisins. On va même jusqu'à se cacher nos bons sentiments en plusieurs circonstances. Je connais des patrons qui n'oseraient jamais dire à leurs employés qu'ils sont heureux de leur travail et qu'ils aiment les avoir à leur service, alors qu'*ils le pensent*.

On a tellement peur des sentiments qu'on passe aisément à l'indifférence même à la plus bête indifférence. C'est ainsi que le 27 avril 1992, Michel et Milana Bagdonov se sont levés à trois heures du matin pour être à temps à leur boulangerie de la rue Sherbrooke à Montréal. De quatre heures à huit heures trente, ils ont cuisiné pains, croissants et gâteaux. Tout cela en vain, puisqu'à huit heures trente, les deux premiers clients étaient des huissiers venus saisir tout le local.

Ne sachant que faire des gâteaux et des pains, vers les onze heures trente, Milana commence à les distribuer aux passants dans la rue. La propriétaire en pleurs tend à une dame un gâteau au fromage vanille et poursuit son chemin. Surprise, la dame demande à une voisine : « Qu'est-ce qui se passe ? » La femme répond que les Bagdanov viennent de subir une saisie et qu'ils doivent tout quitter dès aujourd'hui. « Oh ! Mais que c'est terrible ! » ,répond la vieille dame. « Pensez-vous que je pourrais avoir un gâteau au chocolat ? », ajoute-t-elle. Quelle indifférence ! Où est l'empathie qui pourrait au moins avoir fait taire cet égocentrisme ? Cette passante avait-elle peur de pleurer avec Milana ?

On a peur d'exprimer ses sentiments. On a peur de laisser parler notre CŒUR.

« Papa, je t'aime... »

Moi, le premier, je me suis débattu avec cette peur. J'ai toujours voulu dire à mon père que je l'aimais. Mais il m'a fallu plus d'un demi-siècle avant de lâcher le morceau !

Mon père venait d'avoir 78 ans. On venait de lui annoncer la présence d'un cancer. Ce devait être sa dernière année parmi nous. Parvenant non sans peine à ravaler la boule qui me chatouillait la gorge, j'essayais alors de le convaincre de venir avec moi passer ce dernier été de 1981 sur la ferme, au bord de la rivière où je me promettais de l'amener pêcher, comme au temps de mon enfance.

«Mais Jean-Marc, avait répondu mon père, je peux même plus tenir sur mes deux jambes...

– Ça ne fait rien! S'il le faut, je te prendrai dans mes bras, je te descendrai moi-même dans la chaloupe! Après, on mettra nos plus beaux habits et on ira manger dans les plus grands restaurants...

– Pourquoi faire? Je n'ai pas faim, je ne mange plus.

– Ça ne fait rien!, ai-je répliqué. Tu me regarderas manger...»

Mais la conversation en est restée là.

Dans les jours qui ont suivi, mon tracas n'a fait qu'empirer. Je revenais à la charge et je ne réussissais toujours qu'à tourner autour du pot. Un demi-siècle de refoulement n'est pas facile à surmonter! Jusqu'au soir où j'ai enfin réalisé qu'à travers tout cela je ne faisais qu'entretenir ma peur d'exprimer mes sentiments.

Ce soir-là, mon père m'a souri. On sentait, à regarder son visage, qu'il avait réfléchi de son propre côté et qu'il avait fini par trouver la situation cocasse.

«Jean-Marc, m'a-t-il dit, je n'ai plus huit ans. J'ai 78 ans. Je ne veux pas être gâté comme un enfant.

– Je vais te gâter quand même, me suis-je obstiné à répondre. Je vais te gâter et je vais te dire pourquoi...

À ce moment, j'ai pris ma respiration et les mots sont sortis tout seuls:

– ...C'EST PARCE QUE JE T'AIME.»

Pour la première fois de ma vie d'adulte, à 51 ans, j'avais osé dire à cet homme tout l'amour que je lui portais! Jamais durant ma vie d'adulte, je n'avais dit cette phrase!

Et il avait fallu, pour cela, qu'on m'annonce sa mort prochaine.

Il mourut en effet en octobre de cette même année. Aujourd'hui, mon père n'est plus de ce monde, mais l'amour que je lui porte est resté gravé dans mon cœur. Je sais maintenant qu'il me fallait l'exprimer. Je sais que je n'aurais pu le laisser partir sans lui dévoiler mon sentiment.

L'être humain n'est pas une simple «tête» qui explique. Il est aussi un *cœur qui s'exprime*.

J'ai mis du temps à le comprendre.

Avez-vous un père, une mère, un fils, une fille ou des amis? Y-a-t-il autour de vous des gens à qui vous n'avez jamais osé avouer vos sentiments? Dites-leur que vous les aimez et surveillez leurs réactions! Ils vous diront: «Quoi? Es-tu malade? Peut-être as-tu trop bu? Tu as dîné à la brasserie, je gage.» Pourtant!

Quand le cœur n'y est plus...

Il n'est jamais trop tard pour revenir à la sagesse du cœur. Il n'est jamais trop tard non plus pour faire appel à sa force d'intuition et d'action.

Mais il est vrai aussi qu'il n'est jamais trop tôt.

Qu'en est-il de nos propres enfants?

Visitant un jour une classe d'enfants, j'ai demandé à la ronde ce qu'ils espéraient devenir plus tard. Question classique. Et j'en savourais à l'avance les réponses.

La déception fut terrible.

«Chômage», «salaire», «sécurité d'emploi», voilà ce que les petits «bouts de choux» me répondirent en majorité. Où étaient passés les détectives, les pilotes de course, les espionnes de jadis?

«Et toi? ai-je alors demandé à un garçon qui arborait un chandail du Canadien de Montréal. Avec un chandail comme le tien, tu ferais tout un joueur de hockey!

– Non, m'sieur, répliqua-t-il. Y'a trop de compétition dans le sport... »

Il aurait donc fallu que l'on supprime l'idée de compétition dans le sport ? Que l'on supprime aussi tous les risques ? Et même le risque de vivre ?

Comment des garçons et des fillettes si jeunes avaient-ils pu en arriver à désamorcer ainsi leurs rêves, leurs espoirs ? *Où était le cœur à travers tout cela ?*

Voyant un jour un garçon occupé à jouer avec un camion de pompiers sur le trottoir, je me suis approché de lui :

« Il est beau ton camion !

Le gamin a levé le nez.

– Avec un beau camion comme ça, tu vas sûrement faire un excellent pompier plus tard !

– Non, répliqua-t-il. C'est pas possible, je ne peux pas...

– Mais pourquoi ? Avec un si joli camion ?

Alors, le gamin m'a regardé d'en bas. J'avais l'impression étrange que nos âges s'étaient inversés :

– Je ne peux pas, s'obstina-t-il à répondre, parce que la Ville n'engage plus de pompiers... »

Qu'avait-il fait de son *cœur ?*

On ne pourra pourtant pas dire de cet enfant, comme des autres, qu'il était idiot. Sa logique était au contraire implacable si je la compare à celle de mes petits camarades d'enfance qui rêvaient aussi de devenir pompiers et qui allaient faire leurs premières armes, cachés dans les garde-robes avec leurs cartons d'allumettes !

La vérité, c'est que les enfants *sont le reflet sensible du monde adulte.* Nous avons peur du risque, nous avons peur d'être déçus, nous avons peur de nos rêves. Nous préférons un monde surprotégé où nous n'aurons plus à faire un pas de plus vers l'inconnu. Et cette situation, nous la faisons vivre à nos enfants. *Nous les surprotégeons.* J'écris pour moi !

L'expression du cœur, parvenue à ce point, n'est donc plus aujourd'hui uniquement une question d'épanouissement individuel, mais aussi un devoir humain envers ceux qui nous suivent.

Quelle sorte d'influence exercez-vous sur les enfants qui vous entourent ?

Transfert de sentiments ou de connaissances ?

Les jeunes sont plus éduqués aujourd'hui que nous ne l'avons jamais été par le passé. Mais les connaissances, je le répète encore une fois, *ne suffisent pas.* Transférer des connaissances d'une génération à l'autre c'est bien, c'est édifiant, mais c'est trop peu, BEAUCOUP TROP PEU.

QU'EN EST-IL DU TRANSFERT DES SENTIMENTS ?

Nous sommes très préoccupés de savoir quelles connaissances, quelles disciplines et quelles valeurs transmettre aux générations futures. Mais il est stupéfiant de constater à quel point, en revanche, nous traitons les sentiments comme des choses sans aucune portée, dont une bonne éducation pourrait fort bien se passer.

Malgré tout, nous transférons ces sentiments bel et bien à notre insu.

Nous transférons notre inquiétude, nos peurs, nos doutes, et ces choses ont un effet d'une portée insoupçonnable.

Mais nous les transférons en toute ignorance de cause, alors que nous pourrions tout aussi bien profiter de ce phénomène de transfert pour propager des sentiments positifs.

C'est ainsi que l'on transfère à une génération une impression fausse du travail. On dit au petit enfant qui commence son école maternelle : «Tes beaux jours sont finis ! Tu vas à l'avenir devoir te lever tôt et partir pour l'école ! Rouler un bout de temps dans un autobus scolaire bondé, etc.» Puis à la grande fille qui termine son cégep et qui ne veux pas poursuivre à l'université : «Tu vas voir ce que c'est que de travailler maintenant. L'école, c'est fini. Au boulot !» Pourtant, on pourrait transférer exactement l'idée inverse en disant que l'école, c'est la découverte du monde, que travailler, c'est relever le défi pour être utile à la société ! Mon père m'a enseigné, m'a transmis le sentiment que le travail c'était le «fun». Il était machiniste aux usines Angus de la compagnie Canadien Pacifique à Rosemont. J'ai passé mon enfance le long de l'usine et le soir à cinq heures, j'entendais le sifflet de l'usine annonçant la fin du travail. Je courais alors vers l'usine ; il y avait une porte à la barrière au bout de la 8e Avenue et j'y attendais mon père. Je le voyais apparaître de loin. Tout petit, vêtu de ses salopettes pleines de graisse et d'huile, la boîte à «lunch» à la main. Je prenais la boîte d'une main, la main du père de l'autre et on remontait ensemble vers la 4e Avenue où l'on demeurait. Et chaque fois, je demandais à mon père : «Tu as fait quoi aujourd'hui à l'usine ?» Il me répondait : «Aujourd'hui, j'ai fait l'essieu avant de la locomotive ! C'est très difficile et il faut être un pro pour faire ce travail.» Mon père était fier de son travail et me transmettait l'idée du plaisir de travailler, malgré le fait que pendant quinze ans, il ne travailla que sur les essieux avant des locomotives.

Le dimanche, nous allions à Joliette voir mes grands-parents. Chaque fois qu'on voyait la locomotive, il me montrait l'essieu avant et disait : «Regarde, Jean, c'est mon essieu. Il est beau !» Pauvre père, c'était sûrement le sien, il était le seul à faire les essieux avant.

Et à sa mort, il me laissa quelques outils. Quand je les regarde, je le revois, souriant. Il m'a dit, par ses gestes, par ses attitudes, que travailler ce n'était pas une pénitence mais un plaisir. Passons-nous le même message ?

Une passion contagieuse !

J'ai connu un type qui vendait des assurances pour gagner sa vie. Il s'acharna durant douze ans à vendre ces « documents » dont la lecture était pour lui-même un vrai supplice. Il détestait ce métier. Et il se trouvait de bonnes raisons de le détester encore plus : trop de concurrence, trop de compagnies, pas assez de Québécois intéressés, soit qu'ils en aient déjà trop, soit qu'ils n'en aient pas besoin, rendement trop bas, etc. Cet homme était bien malheureux, d'autant plus que ce métier le nourrissait à peine.

« Mais que fais-tu en rentrant le soir ?, lui ai-je demandé.

– Moi ? Je joue du piano. Je suis membre d'un trio. On joue dans les « party », les noces...

– Bon sang ! Pourquoi ne lâches-tu pas les assurances ? Va-t-en jouer du piano !

Il me regarda, étonné :

– Tu en connais, toi, des musiciens qui gagnent leur vie à jouer du piano ?

– Mais si tu ne veux pas en jouer, au moins vends-en ! »

Je venais d'allumer une mèche. Cet homme était un passionné du clavier. Il en mangeait littéralement. L'idée avait rapidement fait son chemin. Il entra chez Langelier-Valiquette comme vendeur de pianos et réalisa, en l'espace d'une seule année, un revenu supérieur à tout ce qu'il avait pu faire durant ses douze années à vendre des assurances.

Le secret de sa réussite est bien simple : on réussit toujours à vendre ce qu'on *aime*. La vente est un *transfert de sentiments*.

C'est tellement vrai qu'une évidence, prononcée par une personne que vous n'aimez pas, vous semblera souvent mensongère alors que, prononcée par un ami sincère, vous la reconnaîtrez pour vraie. *Transfert de connaissances ou transfert de sentiments?*

Dans la petite ville de Maplewood, au New Jersey, une compagnie a distribué en 1991 pour 156 millions de dollars de fromage à faible teneur de gras et de sodium. Monsieur Georges Wenger attribue ses succès à un facteur mystérieux, il l'appelle le facteur X. Il raconte qu'on peut lire tous les livres possibles sur la vente, sur les belles présentations, sur les réponses aux objections, il demeure qu'il faut avant tout ce facteur X. Et c'est quoi ce mystérieux ingrédient? C'est de vendre seulement ce en quoi on croit. Cela paraît dans notre visage. En fait, que raconte-t-il ce monsieur? Il nous dit que la vente est avant tout un transfert de sentiments et non d'idées. Pourtant, combien de vendeurs veulent être rationnels? Soyons plutôt des humains avec des sentiments d'excitation.

Cette vérité élémentaire, reconnue par les psychologues et par tous les grands de la vente, serait de nature à révolutionner au grand complet notre système d'éducation.

Mais au moins pourra-t-elle provoquer en vous-même une petite révolution. Une petite révolution au foyer, dans la vie quotidienne et au travail!

Avez-vous l'impression de travailler dans un cadre ennuyant, d'être confronté à des mines basses et sans enthousiasme?

Et vous-même, à travers ces déboires, quels sentiments avez-vous projetés?

Cela vaut même pour des situations très simples. Les gens manquent d'enthousiasme. Par exemple, je bois beaucoup de café. En fait, j'en bois beaucoup trop! Je rencontre des gens à des congrès qui, à la pause café, refusent de boire du café. «Prenez un bon café avec moi», leur dis-je en insistant. «Non», me répondent-ils, «ce n'est pas bon pour la santé». De plus cela m'excite trop. Je leur rétorque donc: «Buvez-en! Cela va vous exciter un peu plus!» En effet, cela pourrait alors les «allumer» conme on dit dans le jargon mécanique. Mais non! Ils n'en boiront pas et ils mourront en santé.

Le risque de vivre, le risque de créer

«Sentiments», «cœur», «intuition». Non, la vie n'est pas faite de certitudes absolues que l'on peut aligner sur un écran d'ordinateur comme des colonnes de chiffres.

La vie n'est pas un *équilibre parfait*. Le seul endroit où vous trouverez la *stabilité absolue*, c'est dans un cimetière.

La vie est un *mouvement*, elle exige de notre part l'expression du cœur. Le mot émotion ne provient-t-il pas d'ailleurs du grec «motion» qui signifie «mouvement»? Le cœur n'a-t-il pas toujours été représenté, dans la langue populaire, comme l'élément *moteur* de la vie? Alors que la tête, au risque de me répéter, faisait figure de *freins*?

Il faut être franc avec nos peurs et cesser d'en inventer de toutes pièces. Il faut nous libérer de notre obsession à tout prévoir alors que nous savons très bien que c'est impossible.

La vie est par nature *imprévisible*.

Pourquoi chercher à le nier?

Aspirer à la sécurité, pour soi et ceux qu'on aime, c'est une intention noble. Mais pour cela aussi il faut accepter de prendre des risques. Prévoir les choses ce n'est rien. Mais accepter l'*imprévisible*, c'est accepter la vie et l'insuffler à ceux qui nous entourent.

Pourquoi la créativité semble-t-elle en perte de vitesse aujourd'hui, si ce n'est justement à cause de cette «névrose de la sécurité»?

Créer est par définition un acte audacieux: *c'est un passage du connu à l'inconnu*. Impossible d'être créatif si l'on se refuse à faire le plongeon!

Ti-Paul et le 5 ¢

Dans les séminaires de créativité auxquels je participe, on raconte souvent l'histoire de « Ti-Paul » et de ses deux grands frères. Ces derniers avaient un plaisir fou à se moquer de Ti-Paul.

Ils lui montraient une pièce de 10 ¢ et une de 5 ¢ et lui demandaient de choisir entre les deux, en se tenant les côtes à l'avance. Immanquablement, Ti-Paul choisissait la pièce de 5 ¢ qui était plus grosse et aussi plus jolie. Et les deux frères éclataient de rire. Était-ce possible d'être aussi bête ? Ils recommençaient le tour et, chaque fois, Ti-Paul choisissait le 5 ¢ et, chaque fois, les deux frères se frappaient les côtes.

Mais le père qui assistait à la scène en eut assez de voir Ti-Paul se faire berner et décida d'intervenir :

« Ils sont en train de se payer ta tête, dit-il. Essaie de raisonner, Ti-Paul. Le 10 ¢ est plus petit que le 5 ¢, mais il vaut beaucoup plus, deux fois plus ! Tu ferais mieux de le prendre !

– Je le savais, répondit Ti-Paul. Mais si j'avais pris le 10 ¢ la première fois, ajouta-t-il, ils ne seraient jamais revenus me faire le tour... »

Pour Ti-Paul, le 10 ¢ représentait le *connu* : il était certain d'y gagner en prenant cette pièce plutôt que l'autre.

En revanche, le 5 ¢ représentait l'*inconnu* : il n'était pas certain que ses deux frères reviendraient lui faire le tour.

Il a pourtant choisi cette deuxième voie et c'était la marque d'un esprit créatif.

Mais la vraie morale de cette petite histoire c'est que *le cœur prévoit mieux que la tête.*

Ti-Paul avait *senti* ce qui allait arriver, il avait *senti* que ses deux frères y prendraient goût. En langage commercial, *il avait flairé la bonne affaire.*

Et vous, à l'exemple de Ti-Paul, qu'avez-vous *flairé* comme bonne affaire cette semaine ? Au contraire, avez-vous tout planifié ?

Les deux « P » de notre monde moderne

Notre insécurité nous a poussés à deux gestes différents mais complémentaires : prévoyance et permanence. C'est ainsi, que pour le premier P, cette insécurité nous a menés à tout prévoir pour éviter le risque. Les enfants sont prévus des années à l'avance ! On prévoit même quel mois devrait naître l'enfant : c'est tellement plus pratique l'été. On a pas besoin d'habiller le bébé. On prévoit par la suite ses boires : tous les quatres heures : pas avant, pas après.

On demande à des enfants de 13 ou 14 ans quel est leur plan de carrière ! Pourtant, quand on demande aux mêmes personnes si elles avaient aussi un plan il y a 30 ou 40 ans, ils répondent : « Non, mais ce n'est pas la même chose. »

J'ai même réalisé à mes dépens cette erreur de vouloir tout prévoir. Le 6 mai 1985, dans une chambre d'hôpital de l'Hôtel-Dieu de Montréal, on annonça à ma femme et à moi qu'elle était atteinte d'un cancer et qu'elle n'avait que 30 % de chances de passer l'année. Je me souviens être retourné ce soir-là à la ferme du côté de Montebello complètement défait. Je me répétais dans l'auto : « C'est impossible ! Elle n'a que 52 ans ! Il y a une erreur. On avait tout prévu : la pension ou du moins un ralentissement à 60 ans. » Et tout à coup j'ai compris : jusqu'à ce jour, j'avais passé ma vie à tout prévoir et j'avais oublié de vivre.

Les seules choses à prévoir sont les solutions de remplacement si telle situation se présente. On ne peut prévoir la température qu'il fera à un congrès des mois à l'avance, mais on peut prévoir ce que l'on fera s'il fait soleil et ce qu'on fera s'il pleut.

C'est la morale de l'histoire du Québécois qui, parti pour chasser le gorille en Afrique, se trouva surpris en arrivant sur le territoire de ne voir aucun gorille. On lui avait dit qu'il y en avait tellement! Il était d'ailleurs désemparé par les armes que son guide avait apportées : une petite carabine de calibre 22, à peine capable d'égratigner la bête, un chien borgne aux oreilles molles qui n'avait probablement jamais chassé, et enfin, une paire de menottes qui n'était utile qu'à l'arrestation d'un criminel.

Voyant son inquiétude, le guide lui décrivit alors sa façon de chasser : « Les forêts ici sont remplies de gorilles, mais vous ne pouvez les voir, car ils sont grimpés dans les arbres. Moi, je vais monter dans un de ces arbres et le secouer avec une telle vigueur qu'un gorille va lâcher prise et tomber à quelques pas de vous. Vous pourrez alors observer que ce chien qui vous semble inapte à la chasse a dûment été entraîné : aussitôt que le gorille touche le sol, le chien lui saute dessus juste au niveau des organes génitaux. Le gorille, sous le choc de la douleur, « porte ses deux pattes de devant ; c'est alors que vous pourrez lui passer les menottes. »

Un peu surpris, et même enchanté, le Québécois demande à son guide : « Mais alors, que dois-je faire de la carabine 22 ? » Et le guide de rétorquer : « Si, au lieu du gorille, c'est moi qui tombe de l'arbre, tuez le chien ! » Cette façon de chasser prévoyait toutes les possibilités : ou bien le gorille tombait de l'arbre ou bien c'était le guide ; dans chacun des deux cas, le scénario était différent.

Puis, une fois que les plans sont faits, on les imprime en plusieurs copies. Ils deviennent alors inchangeables. Ils ont acquis le statut de permanence. Et c'est là le deuxième P : – PERMANENCE. Je vois des gens demander à leur patron : « Où me vois-tu dans l'entreprise dans cinq ans ? » Je leur dis alors : « Ne demande pas cela à ton patron ! Il ne sait même pas s'il sera là l'an prochain ! » La permanence, cela n'existe pas sur terre.

Ces deux P, quand on les regroupe, expliquent toute l'importance qu'on a donnée dans nos vies au mot sécurité, au fait de vouloir tout savoir à l'avance, de vouloir voir les choses réglées pour longtemps. Pourtant, si on écoutait plus son cœur, on réaliserait que la vie est un risque ; Le flair de Ti-Paul, on l'a tous en nous. Si seulement on cessait de ne faire confiance qu'à la tête et à ses concepts...

Le journal d'Anne Frank : une sécurité malsaine

La plupart des gens ne s'embarrassent pas de *sentir* les choses : ils font des prévisions basées sur des critères rationnels. À l'opposé du principe de créativité, *ils cherchent plutôt à se rassurer sur leur avenir.*

Ils ont un certain standing de vie et cherchent à le protéger. Leur relation avec la vie en est d'ailleurs une de sécurité et de protection.

Mais le plus absurde, c'est que cette relation sécurisante n'est malheureusement pas un *gage de sécurité.* À l'extrême, elle rend même *de plus en plus vulnérable.*

Durant la Deuxième Guerre mondiale, des convois de fugitifs se faisaient régulièrement rattraper par les soldats allemands. Les charrettes étaient à ce point remplies d'objets et de meubles auxquels ils ne pouvaient renoncer que leurs chevaux s'épuisaient, quand ce n'était pas eux-mêmes !

Le fameux *Journal d'Anne Frank,* qui dresse le portrait d'une famille juive de l'époque, malgré ses grandes qualités humaines, n'en est qu'une illustration malheureuse.

Les Frank avaient des amis bien placés à l'étranger. On les avait avertis de ce qui les attendait s'ils demeuraient en territoire nazi. Pourquoi ils n'ont pas fui !

Au lieu de cela, le père préféra aménager une cachette à l'arrière de sa maison. Pour lui, préserver les liens familiaux, continuer de vivre dans la tradition familiale, était plus important que tout. Pire encore : son stratagème faillit être percé à jour par les nazis tellement *il mit de temps pour s'assurer que tous ses meubles et objets de valeur étaient à l'abri.* Avait-il seulement prévu un revolver au cas où un nazi en tournée échouerait dans sa cachette ? Pas du tout !

Dans les mois qui suivirent, serrés les uns contre les autres dans leur petit « cocon », les Frank continuèrent à vivre *comme si de rien n'était.* Au lieu de leur enseigner des *méthodes de survie et de fuite,* le père se borna à donner des leçons académiques à ses enfants !

Comme si de rien n'était...

Mais quelque chose « était ! »

La cachette fut découverte. Et toute cette aventure tragi-comique se termina dans un camp de la mort.

Monsieur Frank avait joué la carte de la sécurité. Le risque d'agir, le risque de fuir, de faire face à la menace, quitte à se séparer de ses biens, de ses enfants, en les envoyant ailleurs, en réagissant à temps, ce risque lui avait paru inadmissible.

C'était la tactique de l'autruche.

Il n'y a bien sûr aucun nazi à notre époque. Il n'y a pas d'organisation visant à nous exterminer. Depuis plus de 50 ans, l'Occident vit une paix relative. Un record historique ! Ou du moins veut-on s'en donner l'illusion ! Peut-être les gens croient-ils que la paix est une idée, oubliant qu'elle est avant tout un sentiment.

Nous avons, contrairement à certaines apparences, une puissance économique telle qu'il aurait paru impossible d'en rêver il y a 50 ans.

Nos sociétés sont marquées par le signe de la *pluralité,* de la *diversité,* par le signe d'un *choix plus varié qu'il ne l'a jamais été à tous les niveaux.* Même si cette diversité nous cause d'autres problèmes: le racisme, la violence, les grandes inégalités de cette terre. Mais encore là, tous ces problèmes peuvent aussi vouloir dire possibilités, chances de tenter quelque chose de nouveau.

Il y a beaucoup de choses faites aujourd'hui. Et par conséquent : *il y a aussi beaucoup à faire.*

Mais pour le faire, *il faut en accepter le risque !*

Il ne faut pas aspirer à s'emprisonner dans un « cocon » de sécurités malsaines.

LA VIE EST UN RISQUE !

AIMER LA VIE, C'EST EN ACCEPTER LES RISQUES.

La bombe serait-elle déjà tombée ?

Assez paradoxalement, la menace nucléaire, qui devrait rendre futile toute recherche de sécurité maximale dans nos vies, a beaucoup contribué, au contraire, à nous la rendre plus obsédante.

L'idée d'une guerre nucléaire semblait paralyser certains d'entre nous et inspirait à certains autres une attitude cynique.

Un sondage réalisé dans les collèges du Québec démontrait qu'un étudiant sur trois pensait que l'« anéantissement » nucléaire surviendrait au cours de sa vie.

Si on leur offrait un salaire de 40 000 $ par année, un tiers d'entre eux accepterait quand même de travailler dans une usine d'armements !

La « bombe » serait-elle déjà « tombée » ?

Il y a pourtant quelque chose de réjouissant dans ce sondage. *C'est que les deux autres tiers pensaient autrement.*

Qui l'aurait cru ?

Le Suédois Wahlenberg, qui sauva plusieurs Juifs de l'extermination, prononça cette déclaration lourde de sens : « *La pire chose que les Allemands ont faite aux Juifs, c'est de leur faire croire que tout était fini, qu'ils avaient perdu !...* »

N'est-ce pas ce que certains s'acharnent à nous faire croire aujourd'hui en invoquant la menace nucléaire, la pollution et tous les problèmes de la société moderne ? Et quel est alors le dernier recours des gens, sinon de se refermer dans une illusion sécurisante, un peu à la manière de la famille Frank enfermée dans sa petite cave ?

Tant que la tête sera là à expliquer ces choses indéfiniment, le cœur ne pourra s'exprimer. POUR AGIR, IL FAUT QUE NOTRE CŒUR ENTRE EN SCÈNE !

Quand laisserons-nous le nôtre s'exprimer sur les questions essentielles de la vie ? Comme disait si bien un de mes adolescents : « Slaque la valve ». Ce qui veut dire : « Laisse-toi aller ! »

Un aller simple... pour le désert !

Il y a certaines rencontres qui demeurent gravées dans votre cœur. Des rencontres qui vous galvanisent et vous redonnent un espoir tenace.

Avec ma femme Céline, nous avions entrepris il y a quelques années un voyage au Kenya. Les tigres, la forêt dense, tout nous fascinait. La grande aventure, en quelque sorte. Mais nous avions pris soin, comme le dit l'annonce, d'apporter nos cartes de crédit et de prendre, cela va de soi, un *billet aller-retour !*

Arrivés au Kenya, pas de tigres (évidemment !). Et au lieu de la forêt dense : un désert étouffant où soufflait un vent d'apocalypse ! En réalité, ce n'était pas du vent mais de la *braise !* Le thermomètre baissait à 103° Fahrenheit à l'ombre seulement. Et comme il n'y a pas beaucoup d'arbres dans le désert, je vous laisse imaginer les records de vitesse que nous devions battre pour éviter de flamber sur place entre la tente et le plus proche coin d'ombre !

Nous étions pourtant ravis de notre séjour. Mais pour d'autres raisons.

Depuis plusieurs années, les religieux étaient venus dans cette région désertique appelée Turkana, non loin du lac Turkana, pour s'occuper de la tribu des El Mollo. Et c'est ainsi que nous avons fait la rencontre exaltante d'un vieux Père Blanc, aux 70 ans bien tassés, dont cette mission était l'initiative.

À notre arrivée, il montra un vif intérêt pour le Québec qui était aussi sa région natale, quoiqu'il en eût perdu la notion. Son départ remontait en effet à plus de 43 ans !

« Vous êtes parti comment ?, demandai-je. Par avion ?

– À cette époque, Jean-Marc, on prenait le bateau !

– Oui, mais vous aviez un aller-retour, ça rassure !

– Pas du tout ! Dans ce temps-là, on te donnait l'aller simple en disant : débrouille-toi avec le reste ! »

Un *aller simple*, y avait-il meilleure image pour décrire le risque de vivre ?

Plus tard, quand je suis revenu au pays, j'ai vu exactement l'image contraire : une société de billets aller-retour ! 27 millions de Canadiens demandant un aller-retour pour ci, un aller-retour pour ça. 27 millions de Canadiens refusant de prendre des risques sans garantie et sans assurance ! Que dire de nos supposées crises politiques où tous nous cherchons à protéger les acquis, le train de vie, la sécurité !

Avez-vous pris des risques récemment ?

Nous sommes-nous engagé dans quoi que ce soit sans réclamer de garantie ? En y mettant tout notre cœur ?

Le sentiment de la mission

Avec une passion qui ne s'était nullement démentie avec les années, le vieux Père Blanc du Turkana nous raconta son histoire et nous fit visiter sa mission. Pauvreté, famine, maladie. Telles étaient les données du problème. Sitôt débarqué du bateau, il entreprit donc de bâtir un hôpital *de ses propres mains avec l'aide des Turkanas.* L'œuvre de 43 années d'efforts et de persévérance.

Bien sûr, ça n'avait rien de commun avec nos cliniques modernes. Mais il m'en parlait avec fierté, comme de l'Hôtel-Dieu de Montréal ! C'était en réalité une simple cabane en bois dans laquelle il avait casé une trentaine de lits. Des vieux lits sauvés du dépotoir et ramenés en bateau.

Parmi le peu de mobilier médical, on retrouvait même une vieille chaise de dentiste retapée dont la fabrication remontait aux années vingt, à Seattle. La salle de maternité (puisqu'on accouche aussi dans le désert du Kenya !) renfermait quatre lits et de grandes armoires où s'étalait, rangée avec soin, sauvée elle aussi du dépotoir et minutieusement rapiécée, la layette des nouveau-nés.

Je buvais toutes ses paroles et j'ouvrais grands les yeux comme un enfant. Sur le chemin du retour, je regardai ma femme :

« Céline, j'ai fait une découverte...

– Laquelle ?

– Si cet homme s'appelle un missionnaire, c'est qu'il a une mission à accomplir !

Ma femme me dévisagea d'un air amusé :

– Dis-donc, tu en fais des découvertes ! »

Mais pour le Nord-Américain que je suis, ç'en était bien une.

Je découvrais qu'on pouvait envisager la vie non seulement sous son angle rationnel, en tirant des plans, en raisonnant, mais avant tout en suivant ses émotions, en laissant parler son cœur ! Je découvrais, grâce au Père Blanc, que le sentiment de la mission reposait dans un état d'esprit, que la mission n'était pas tant dans les buts atteints que dans la manière dont nous envisageons la vie.

Pour le Père Blanc, c'était la recherche de Dieu.

Pour quelqu'un d'autre, il s'agirait d'autre chose. Pour le chef d'une PME, ce serait de s'imaginer le sourire épanoui d'un client devant son produit qui répond à un besoin important ; pour l'agent d'assurance-vie ce serait, les remerciements sincères de la mère, veuve avec quatre enfants, qui se sent financièrement à l'abri.

Pour toi qui me lis, c'est quoi ta mission ? Drôle de question à poser quand on cherche en fait un étalage de missions et un guide pour nous aider à y faire son choix. Dans les écoles, on les appelent des orienteurs !

L'ingénieur fou

La même émotion qui m'avait saisi devant le petit hôpital au milieu du désert allait me reprendre, à nouveau, devant le plus étrange monument qui existe : la tour Eiffel.

Chaque fois que je vais à Paris, je ne peux résister à la tentation d'y faire un détour. « C'est "quétaine", voir la tour Eiffel !, me disent mes amis. C'est une vraie mentalité de touriste... »

Mais je n'y vais pas en touriste. Une virée à la tour Eiffel, c'est comme un pèlerinage au pays de la folie et de l'audace.

Ce qui m'attire vers cette tour, c'est sa *totale inutilité*.

La tour Eiffel ne sert strictement à rien ou, du moins ne servait à rien à sa création.

C'est l'œuvre d'un « fou » nommé Gustave Eiffel.

Ce fou en construisit une petite maquette vers la fin du siècle dernier et la montra à plusieurs de ses compatriotes.

« C'est insensé, lui avait-on répondu de toutes parts. Une tour de plus de 300 mètres, en acier, c'est inconcevable ! Mais vouloir en plus la bâtir sur les terrains près de la Seine, c'est de la folie furieuse! Le sol va s'effon-drer!...

– La pression exercée par ses quatre pieds, avait répliqué Gustave Eiffel, ne sera pas plus grande que celle de la chaise sur laquelle vous êtes assis...»

Personne ne l'avait cru.

La tour Eiffel, aussi peu de pression que les quatre pattes d'une chaise? Il fallait être fou pour le croire.

Mais c'était vrai.

Gustave Eiffel avait tracé ses plans et conçu sa maquette de façon à répartir le poids de sa tour avec une précision si diabolique que sa pression sur le sol serait presque négligeable.

Comme personne n'aurait voulu risquer un traître sou dans l'aventure, il décida d'y consacrer toute sa fortune personnelle.

Mais au commencement des travaux, un autre pépin se déclara: la tour effrayait les ouvriers. La seule idée d'avoir à ériger ce monstre d'acier les glaçait de terreur. Quand il lança des appel d'offres, à plusieurs entre-preneurs, aucun n'osa poser sa soumission. Imper-turbable, Gustave Eiffel recruta à travers toute l'Europe des centaines d'acrobates qui avaient l'habitude des hau-teurs.

En quelques mois, les travaux furent achevés et, ce qui allait bientôt devenir le symbole même de la France, se dressa dans le ciel de Paris: 300 mètres d'acier, 1 672 marches, 40 minutes d'ascension dans les escaliers! La tour Eiffel était née!

Bon prince, Gustave Eiffel en fit cadeau à la Ville Lumière pour la modique somme de *1 franc*. Mais il se réserva le droit de prélever un prix d'entrée sur chaque visiteur pour les quelques années à venir.

Le jour de l'inauguration, en juin 1889, 23 202 personnes payèrent pour monter au sommet. Et la tour reçut cette année-là 1 968 287 visiteurs !

Malgré tous ces succès, les gens de la haute société protestèrent encore. Dans un manifeste signé par plusieurs personnalités, ils déclarèrent : « *Nous venons protester... contre l'érection en plein cœur de notre capitale de l'inutile et monstrueuse tour Eiffel !...* »

Gustave Eiffel n'en avait pas moins réalisé son rêve qui allait faire de lui un millionnaire.

C'était un geste de pure folie.

Sa mission reposait sur l'idée que « tout est possible ».

La mission du Père Blanc reposait sur la foi en Dieu.

L'un comme l'autre, ils ont exprimé de façon admirable la nature *irrationnelle de la vie*.

Ils ont suivi, tous les deux à leur manière, *les lois créatrices du cœur*.

Pourrait-on les suivre dans nos propres vies ? Oui ! Si on veut avoir une foi assez forte en sa propre intuition et courir le risque d'être un peu fou au départ ! Je le sais, je l'ai essayé ! Ça marche la plupart du temps !

Ce que j'aimerais laisser en héritage...

À l'occasion d'une visite dans une prison à sécurité maximale, un condamné à vie m'avait posé une question qui m'avait laissé abasourdi.

« Jean-Marc, m'avait-il demandé, quand tu vas mourir, que veux-tu laisser à tes enfants ? Un compte en banque ? Une maison payée ? Un commerce florissant ?... » J'aurais pu dire oui à chacune de ces questions, mais je suis demeuré sans voix.

Longtemps après, cette question a continué de me trotter dans la tête. J'essayais d'envisager sous tous les angles possibles ce qu'un père digne de ce nom devait laisser à ses enfants. Jusqu'au jour où je me suis aperçu en laissant parler mon cœur, que les biens matériels n'étaient qu'une partie superficielle de mon testament. L'argent n'est pas une chose irremplaçable ni une valeur ni une chose qu'on ne puisse pas trouver indifféremment d'une manière ou d'une autre.

Mais, en revanche, rien ne remplace l'enseignement d'une vie, l'apprentissage de sa liberté.

Maintenant, je sais que la première phrase de mon testament proviendra du *cœur* et non de la *tête*. Elle sera le résumé du chapitre que vous venez de lire :

La vie est irrationnelle. Il faut vivre avec son cœur !

Revenir à l'humain

J'ai exploité durant quelques années une ferme dans la campagne outaouaise, ou plutôt, mon fils l'a exploitée avec mon aide. Je m'étais découvert une passion pour l'élevage des lapins. Il faut dire aussi que les politiques des éleveurs ne nous laissent guère le choix. C'était ça ou payer une fortune en droit d'élevage. Comme les lapins ne faisaient pas l'objet de trop de règlements et qu'ils n'intéressaient personne, nous avions donc sauté sur l'occasion.

Puis j'ai tenté de les vendre. Il ne se passait pas une seule conférence, pas une seule émission de radio ou de télévision, où je ne glissais une blague ou deux à propos de mes chers lapins. Et ma boutade préférée c'était, et c'est toujours, que mes lapins, avant d'être ceci ou cela, étaient *tous* des lapins. Quand je pénétrais dans mon clapier, je ne tombais jamais nez à nez avec des « lapins-directeurs », des « lapins-dentistes » ou des « lapins-professeurs ». Mon auditoire me regarde alors, étonné, et beaucoup n'ont pas l'air de me suivre... Ils leur faut quelques fractions de seconde pour saisir la blague.

Les directeurs de compagnie me prennent à part :

« Je sais où tu veux en venir, disent-ils. D'ailleurs, Jean-Marc, c'est justement la philosophie de notre compagnie. Nous formons tous ensemble un grand clapier, comme tes lapins. Nous sommes *tous* des humains. Tous ensemble sans distinction !... »

Mais comme ils sont nombreux, nous avons un grand plan pour pouvoir les retrouver. Ici ,le directeur, ici, le chef des ventes, là le directeur de la production, ici le directeur de la qualité, là, le directeur des finances, etc. Et en dessous de tout cet assemblage de petites boîtes, il y a un groupe d'individus qui font le travail ; ils ne sont jamais dans l'organigramme, sauf des chiffres tout au bas.

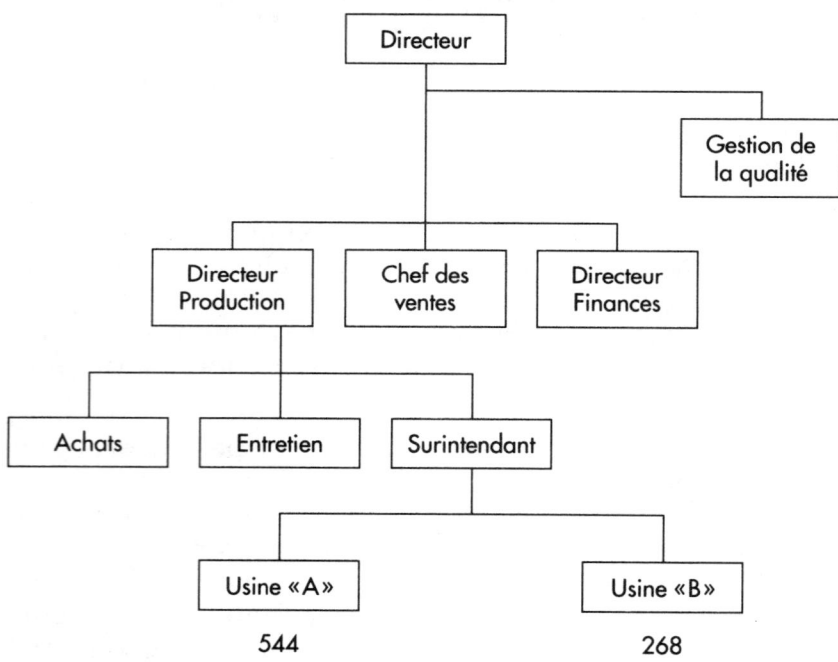

Chaque fois qu'on me présente ces organigrammes, j'ai toujours une question pour mon interlocuteur : « Mais où sont les clients ? » Et la réponse est toujours la même : « Vous ne comprenez pas ! Ceci est l'organigramme de notre organisation ! » Je leur rétorque alors : « Mais vous n'avez pas besoin d'organigramme de votre organisation, si vous n'avez pas de clients ! »

Remarquez que ceci s'applique aussi bien à l'école qui vous présente son organigramme : où sont les élèves ?

Ou encore à l'hôpital : où sont les patients ? Ou au CLSC : où sont les bénéficiaires ?

Devant leur air hébété, je les surprends avec une image très forte. Et ici, je vous demande, chers lecteurs, de ne pas vous offusquer avec mon langage cru et même vulgaire : je le fais pour aider la compréhension de cette notion qui perdure malheureusement dans nos organisations. Merci de bien vouloir m'excuser. Je les arrête donc et leur dis « Mais ça n'a rien de vraiment humain, votre plan. Savez-vous ce qu'il est dans la réalité, votre organigramme ? C'est un grand dessin qui dit à tous dans l'organisation qui peut donner de la merde à qui et en quelle quantité. Plus tu montes dans l'échelle, plus la braoule[1] est grande. »

Voyez-vous, la vie n'est pas faite en échelle. Les gens n'entrent pas dans des petites cases. Les lapins dans les clapiers n'ont pas d'organigramme.

Pourquoi sommes-nous là ?

Combien de directeurs, d'employés, combien de gens travaillant dans un service ou dans un autre se sont demandé une seule fois : POURQUOI SUIS-JE LÀ ?

La question est-elle si compliquée ? Ou alors, ont-ils peur de se la poser pour ne pas avoir à répondre franchement : POUR RIEN ? Ce qui les obligerait à céder leur place ! Ou bien, parce que la vraie réponse, la seule réponse possible, les obligerait à révolutionner leur façon de voir et leur façon de faire ?

Cette réponse, vous la connaissez. Pas besoin de grandes études, pas besoin d'analyses compliquées. D'une façon ou d'une autre, tous les gestes que nous posons comme membre de la société *sont destinés à servir*

---

[1] Nom (très) commun, disparu des dictionnaires : « pelle à merde ».

l'humain, l'humain pour qui on a créé l'école, pour qui on a créé l'hôpital, l'humain grâce à qui les compagnies existent et prospèrent!

NOUS SOMMES LÀ POUR L'HUMAIN, POUR L'HUMAIN QUE NOUS SOMMES ET L'HUMAIN QUE LES AUTRES SONT AUTOUR DE NOUS.

ET SI UN SYSTÈME OU UNE FAÇON DE VOIR S'OPPOSE À CETTE VÉRITÉ DE BASE, ALORS IL FAUT AVOIR L'AUDACE DE LES REMETTRE EN QUESTION.

Est-ce moralisateur?

Non! C'est une simple question de gros bon sens!

Quand je rentrais dans mon clapier pour nourrir mes lapins, je n'avais pas à leur rappeler qu'ils étaient d'abord et avant tout des lapins. Alors que beaucoup de gens, en revêtant leur complet de directeur, leur casque d'employé, leur salopette ou leur sarrau de médecin, ont tendance à oublier qu'ils sont avant tout des HUMAINS.

Ces derniers temps, on a assisté à un regain d'intérêt pour les «facettes humaines» de la vie à la télévision, dans les journaux et un peu partout. On parle d'aspects humains en montrant un homme politique embrassant son épouse ou les gens qui partent en vacances. Je veux éviter cette façon de vouloir séparer la vie en différentes facettes: facettes humaines, professionnelles, facettes mâles-macho, facettes féministes, facettes patronales ou syndicales, etc!

Les gens ne sont pas des «moitiés d'humains». Chacun de nous est HUMAIN À PART ENTIÈRE. L'humain n'est pas une facette de notre vie, C'EST NOTRE VIE! D'ailleurs, comment peut-on dire à un employé de laisser ses problèmes familiaux à la maison quand il vient travailler? Est-ce posible de vivre séparé en compartiments?

Organiser ou se faire « organiser » ?

Dans les compagnies que je visite, et dans les meetings auxquels j'assiste, on parle beaucoup d'« organiser ».

Prenez le journal et vous verrez cela sur plusieurs colonnes : « Une compagnie fait faillite par manque d'organisation », « Les gens ne vont nulle part parce qu'ils ne savent pas s'organiser », etc. L'organisation est devenue la hantise des hommes et des femmes modernes. On organise tout, même les loisirs, même la vie de couple ! Et on organise tellement que l'idée d'organiser prend le dessus et qu'on finit par oublier POURQUOI ON S'ORGANISE.

La conséquence la plus grave de ce phénomène, c'est que l'organisation nous fait oublier l'humain, et nous fait perdre la souplesse, la créativité, l'élan vital dont nous avons besoin pour répondre à ses attentes, pour répondre à nos *propres* attentes !

Je ne suis pas contre l'organisation. Comme ancien professeur aux Hautes Études Commerciales, je sais mesurer tous les avantages d'un bon système dans l'industrie, dans le secteur public et même dans la vie d'un individu.

Mais je constate que les systèmes, aussi brillants soient-ils, n'en demeurent pas moins des plans rationnels. Et qu'on le veuille ou non, la vie leur opposera toujours son caractère imprévisible, instable, irrationnel.

LES SYSTÈMES COMPOSENT AVEC DES HUMAINS DE CHAIR ET D'ESPRIT, ET NON AVEC DES CHOSES.

COMMENT PEUT-ON RENDRE SERVICE À L'HUMAIN, COMMENT PEUT-ON SE RENDRE SERVICE À SOI-MÊME SI ON REJETTE SA NATURE HUMAINE, ÉMOTIVE ET IRRATIONNELLE ? ET MÊME, IMPRÉVISIBLE ?

Voyez-vous l'humain comme un grain de sable dans la machine ? Comme un fauteur de troubles dans une organisation bien rodée ? Ou comme son principal acteur, celui qui devrait se placer au-dessus de tout ?

111

La Qualité totale

Combien de gens nous parlent de la Qualité totale, l'arme qui doit rendre notre industrie plus compétitive dans le monde. Pourtant,au mois d'avril 1992, le journal *Globe & Mail* publiait un article intitulé : « *Total Quality management half baked !* » (La gestion de la qualité totale à moitié cuite.) L'article précisait que seulement 33 % des firmes qui utilise ces programmes ont eu des résultats tangibles. On y dit même que les deux tiers des programmes sont interrompus au cours de leurs deux premières années d'existence. Pourquoi ? La réponse est fort simple : ils ont oublié de mettre l'accent sur le client ! Ils ont oublié la raison pour laquelle on instaurait un programme de qualité totale, rendre un meilleur service au client. Ils se sont concentrés sur la méthode, sur le système de Qualité totale, oubliant le client, l'humain.

La qualité doit être perceptible aux clients, sinon elle devient un exercice futile d'organisation. Et même les titres doivent disparaître : c'est le lot de tout employé de produire un service de qualité, ce n'est pas la responsabilité d'un département avec son directeur de la qualité. C'est une façon de faire et, dans une entreprise, on n'a pas besoin d'un directeur spécialisé dans la façon de faire !

Une société en pleine masturbation

À l'occasion d'une enquête, on demanda aux employés d'épicerie dans l'Estrie si travailler le dimanche leur plaisait. La réponse fut un non catégorique. On en conclut aussitôt, fort étrangement, que les gens ne voulaient pas d'ouverture le dimanche.

Personne ne se donna la peine d'aller voir ce que le client lui-même en pensait !

Se rendent-ils compte que le client existe ?

Il y a quelque temps, les ex-employés de *Singer* à Saint-Jean se morfondaient devant leur usine désaffectée.

La compagnie avait fermé ses portes et le fonds de retraite de ces gens avait été reversé dans les fonds de *Singer* aux États-Unis. C'était injuste et les employés crièrent leur indignation.

Mais il y avait longtemps que les machines à coudre *Singer* ne se vendaient plus au pays. Les clients n'en voulaient pas. La compagnie était au bord de la catastrophe.

Ces employés ne se sont jamais posé la question, ils ont consacré toutes leurs énergies à courir après leur retraite. Ils ignoraient que derrière toute cette histoire, il y avait UN HUMAIN EN LA PERSONNE DU CLIENT.

À Sorel, les gens réclamaient des subventions pour permettre à la compagnie Marine Industries de poursuivre la fabrication de bateaux. Mais le hic, c'est que Marine n'avait pas de carnet de commandes pour le justifier. On se trouvait en face d'une merveilleuse usine à construire des bateaux, mais personne pour les acheter !

Qui osera dire maintenant que le client n'existe pas ?

Bien sûr ! Le monde serait parfait si on n'avait pas à tenir compte d'une clientèle et, d'une façon générale, si on n'avait pas à tenir compte des humains !

« Tu sais, Jean-Marc, m'avaient confié des directeurs d'école, tu sais quel est le pire problème dans nos établissements ?

– Je ne sais pas... Le budget ? Les crayons ? Le papier ? Les livres ?

– On voit bien que tu ne travailles pas dans une école !

– Non, alors, c'est quoi votre « pire » problème ?

Alors, ils prirent un air découragé et lâchèrent un profond soupir :

– Les écoliers, Jean-Marc... LES ÉCOLIERS ! »

Fascinant, vous ne trouvez pas ? Évacuez tous les écoliers, videz les classes et vous aurez l'école parfaite ! Tous les plans seraient toujours réalisés. Les horaires de cours ne seraient jamais perturbés !

Malheureusement, les gens ne sont pas *parfaits*, qu'ils soient enfants ou adultes ; ils sont *humains*, pour le meilleur et pour le pire. Les humains demeurent imprévisibles ! Dans ces conditions, il est impensable de leur demander une soumission à un système, à plus forte raison si ce système est tellement bien rodé, tellement bien calculé, qu'il ne permet plus d'exprimer la nature humaine.

C'est au système de s'adapter ! C'est au système de refléter la souplesse humaine. Est-il croyable qu'à notre époque des gens ne l'aient pas encore compris ?

Pourtant, à la maison, n'a-t-on pas instauré un système afin qu'il y ait de l'ordre, de la discipline ! Mais pour qui ? De l'ordre en soi, de la discipline en soi ne servent absolument à rien !

Les Japonais et le grand « WA »

J'ai eu dans ma vie la chance de voyager beaucoup à travers le monde. Et je me suis aperçu que le voyage ne «formait pas seulement la jeunesse», mais qu'il permettait de prendre conscience du côté arbitraire, éphémère, de tout système. Et cette précieuse ouverture d'esprit m'a été donnée en particulier pendant un séjour au « pays du Soleil levant ».

On a souvent dit des Japonais qu'ils nous avaient imités à la perfection, qu'ils avaient appris très vite nos façons de gérer et de produire. En un sens, rien n'est plus mensonger.

La vérité, c'est que les Japonais se sont inspirés de notre technologie, mais qu'ils ont recréé tout le reste suivant leur propre philosophie.

Pour la plupart des Japonais, le monde se conçoit comme un grand tout. Serrés par millions sur leur petite île, ils ont appris à mesurer les conséquences de leurs gestes sur l'environnement. Ils savent que jeter des ordures dans une rivière aura tôt ou tard des retombées malsaines. Chez nous, il a fallu qu'un avocat se promène au bord de la rivière l'Assomption pour que le Québec découvre tout à coup le résultat de plusieurs années de pollution irresponsable !

Au lieu de laisser les dépotoirs s'accumuler sur l'île, les Japonais en utilisent la partie qui pourrait servir de fondation pour agrandir leur territoire sur l'océan.

Le mot « hiérarchie » n'est qu'une façon de parler dans le vocabulaire des Japonais. Selon eux, il n'y a qu'une *interrelation de toutes choses et chaque chose dépend du reste.*

C'est ce qu'ils nomment le grand « WA ». Ce qui veut dire équilibre, harmonie !

Dans le grand « WA », le malheur des uns ne fait pas le bonheur des autres. Quand quelqu'un souffre quelque part sur la grande « boule », les Japonais déclarent la « boule » malade.

De passage chez *Yamaha Corporation,* j'ai voulu savoir ce qu'il en était vraiment au niveau des affaires. On me montra alors l'organigramme de la compagnie sur une grande feuille et je ne pus retenir ma surprise. Au lieu de la sempiternelle pyramide : UN CERCLE ! J'ai alors demandé à mon guide : « Mais comment cela fonctionne-t-il ? »

Il m'a regardé en souriant et m'a dit : « Le président de l'entreprise au haut du cercle est directement relié au gars qui nettoie les toilettes au bas du cercle. Quand le nettoyeur fait un mauvais travail, le président n'est pas content du tout. Et l'avantage du cercle, Monsieur, c'est qu'on peut le tourner ! » Le nettoyeur monte au haut du cercle et le président descend au bas : cela signifie que lorsque les toilettes sont sales, le type important, c'est le nettoyeur, non le président.

En fait, tous les différents services de l'entreprise sont répartis autour du cercle ; aucun n'est plus ou moins important : ils forment le cercle qui, lui, fonctionne selon les plaintes. Les Japonais ont saisi que l'eau, l'air, les plantes, les animaux, les humains sont tous reliés sur terre, aucun n'ayant une suprématie. On est loin de notre conception de l'humain comme roi de l'univers : il n'en est qu'un des éléments, et peut-être, le plus dangereux. Plus on progresse, plus on se rend compte que le grand problème sur terre, c'est l'humain, qui tente toujours de tout gérer !

Le cercle avait également un autre avantage, d'une importance énorme, c'était de posséder un *centre*. Et qui occupait cette position privilégiée ? Qui d'autre que le client lui-même ? Qui d'autre que l'HUMAIN ?

Toujours chez *Yamaha*, j'ai eu l'agréable surprise de voir des plantes fleurir dans la fonderie où l'on coulait les bases des pianos. Comment était-ce possible?

«Ce n'est pas là pour des raisons esthétiques, précisa mon guide. C'est là surtout pour des raisons vitales. Si jamais la plante venait à mourir, ce serait la preuve que l'air est dommageable aux ouvriers ! » Mais, de toutes façons, cela rendait l'environnement certes beaucoup plus agréable.

De retour au Québec, j'ai vu sensiblement la même chose. Dans des bureaux, des palmiers en plastique avec un petit singe empaillé agrippé aux branches. Cela faisait joli ! Je demandais alors aux employés s'ils avaient déjà tenté d'avoir de véritables plantes !

« On a déjà eu de vraies plantes, m'expliqua alors un employé de bureau, mais l'air conditionné les faisait mourir...

– Et vos secrétaires ?

– Aucun problème : elles portent un chandail !... »

Je ne prétends pas faire des Japonais un modèle à *imiter*. Mais j'encourage à méditer sur le CERCLE tous ceux qui se demanderaient encore comment il se fait que nous soyons à ce point dépassés par ce nouvel « empire » économique.

Je les encourage à regarder longtemps cette image :

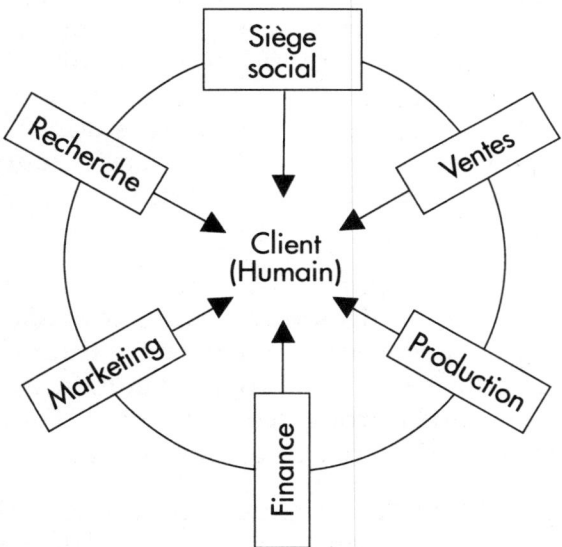

Peut-on, *humainement*, prôner un autre « système » ?

Big Brother a parlé !

Nous sommes en pleine révolution informatique prétendent certains.

Avec l'informatique, on peut, paraît-il, tout organiser, tout rationaliser. Cette technologie serait soi-disant le remède universel à tous nos problèmes.

Un esprit cynique pourrait ajouter : « Le remède universel à tous nos problèmes... informatiques ! »

Un jour, je me présente au comptoir d'une compagnie aérienne à Dorval. La jeune fille derrrière son comptoir me dit bonjour, prend mon billet, et se tourne carrément vers son écran d'ordinateur. Elle pitonne rapidement , s'arrête, lit, recommence à pitonner. Puis, tout à coup s'exclame : « Vous n'êtes pas là ! » « Comment, je ne suis pas là ? Je suis ici, Mademoiselle, devant vous ! » « Oui, mais vous n'êtes pas dans l'ordinateur » « Et puis après, mettez-moi dedans, c'est tout. J'ai un billet payé ! » « Oui, mais je ne peux pas faire cela ! » Après plusieurs minutes d'un travail acharné, j'entends l'imprimante sortir ma carte d'embarquement. Elle me la tend de sa main anonyme, et me dit : « Porte 17, à 9 heures 30 ! » C'est tout. Pas même mon nom, alors qu'il est inscrit en gros caractères sur la carte. Non ! on est devenu partie intégrante de l'ordinateur.

Dans un article paru le 2 septembre 1971, dans le *New Scientist* de Londres, un certain Richard Landers saluait le jour prochain où les ordinateurs seraient capables de converser. « Je crois fermement, écrivait-il, que le jour où nous aurons des machines à conversation, bien des gens les préféreront aux humains. »

Malheureusement, ce cauchemar, qui fait l'envie de certains scientifiques, commence un peu à devenir réalité. De plus en plus de gens, sous prétexte d'« efficacité », se cachent derrière des écrans cathodiques pour éviter les face-à-face avec des personnes en chair et en os.

Vous connaissez certainement ces réseaux d'ordinateurs qui relient un groupe de gens qui correspondent par ordinateurs interreliés sur toutes sortes de sujet plus ou moins personnels. On raconte qu'en Californie, un membre d'un de ces réseaux avait l'habitude de lire les messages reçus durant la nuit en prenant son café. Or, ce matin-là, il lut avec stupéfaction le message d'un cadre d'une grosse entreprise qui, vers les trois heures du matin à New York, avait confié au réseau son désarroi devant le suicide de sa fille de 29 ans. Pauvre homme ! Il n'avait pu confier son immense peine, son immense sentiment de culpabilité qu'à un clavier qui ne pouvait pleurer avec lui! Quel monde où l'on se console en tapant sur son ordinateur.

Comme je l'ai déjà souligné, en 1982, la revue *Times* consacrait l'ordinateur «Homme de l'année». Après John F. Kennedy, Golda Meil, le pape et... Mère Teresa!

Deux ans plus tard, nous avions atteint le chiffre magique de 1984. Et beaucoup de gens se sont alors demandé si la terrible prophétie imaginée en 1948 par l'écrivain George Orwell s'était vraiment réalisée. Son roman, *1984*, raconte en effet l'histoire d'un monde hyperrationnel dominé par une force invisible appelée Big Brother, un monde où tout ce qui était contraire à la logique du système était supprimé. On va même jusqu'à refaire l'histoire afin qu'elle soit plus conforme au système.

Évidemment, une simple douche froide, un simple regard sur les faits, vous montrera que nous n'en sommes pas rendus là. Beaucoup s'en faut!

Mais l'apparition massive de l'ordinateur dans nos vies offre une bonne image de ce que pourrait être Big Brother dans le futur, si nous en venons à considérer ce que nous voyons sur les écrans cathodiques comme plus vrai, plus réel que la réalité elle-même.

Et qu'est-ce que l'ordinateur aujourd'hui, sinon le symbole même du RATIONNEL?

J'ai déjà lu dans *La Presse* de Montréal que tous les emplois seraient en régression d'ici l'an 2000, et que la seule vraie voie de l'avenir demeurait l'informatique. Parmi les emplois les moins prometteurs, on citait les *sciences de la terre* et la *psychologie*. Je crois que ceci est en train de se modifier.

Car si tel est le cas, faudrait-il en conclure que la terre disparaîtra et qu'on n'aurait donc plus besoin de géologues pour l'étudier? Et en supposant que nous devenions tous des informaticiens, ne restera-t-il pas la grande question de savoir *ce que nous allons mettre dans nos ordinateurs et à quelles fins* ?

En refermant mon journal, je gardais plutôt l'impression que, si l'ordinateur envahissait à ce point nos vies, ce phénomène, au lieu d'envoyer les psychologues au chômage, les mettrait plus que jamais en demande !

Beaucoup de gens craignent pourtant le jour où l'ordinateur nous supplantera.

Mais à l'origine de ces craintes, n'y a-t-il pas une opinion déjà pauvre de l'être humain ?

Votre responsabilité d'humain face à la réalité

« Ça y est !, direz-vous. Jean-Marc Chaput est un contestataire ! J'aurais dû me méfier avant d'acheter le livre ! »

Rassurez-vous. De toute ma vie, je n'ai jamais posé de bombes ! C'est à peine si j'osais faire des graffiti dans les toilettes du séminaire. Si j'avais à poser une bombe, ce serait dans la tête des gens, et elle ne serait pas à retardement. Elle ferait exploser notre façon de voir la société et nous-même comme membre de cette société.

Vous me direz peut-être alors que je suis un « idéaliste » ?

Si vous voulez dire par là que je place les idées au-dessus de l'être humain, que je cherche à conformer les gens à ma pensée, je vous répondrai que les idéalistes ne sont pas ceux qu'on croit ! À mon avis les idéalistes, au pire sens du mot[2], sont ceux qui vous font avaler qu'une situation est malsaine parce que la réalité est ainsi faite et que la réalité « le veut ». À partir de là, vous n'avez plus

---

[2] Vous trouverez une définition merveilleuse de ce mot dans le Petit Robert.

qu'à vous croiser les bras et à attendre le « bon vouloir » de la réalité !

Ne trouvez-vous pas cette conception farfelue ?

Elle n'en est pas moins répandue.

Si vous avez eu affaire à un psychanalyste au cours de votre vie, il vous aura peut-être parlé du *principe de réalité*[3] . *Le principe de réalité* nous ramène au temps de notre enfance. C'est le moment critique où chacun de nous aurait commencé à refouler ses désirs pour se soumettre aux exigences de la réalité. Nous aurions alors assimilé ce que Freud appelait le *principe de réalité*[3] qui est, en fait, un *principe de soumission.*

À l'époque où Freud commença à étudier le sujet, au début du siècle, les gens avaient d'ailleurs souvent le mot « soumission » à la bouche. C'était l'attitude courante face à la vie.

Mais était-ce la bonne ?

J'aime à répéter aux gens qui assistent à mes conférences que la réalité est une chose *objective*. Elle n'est ni bonne, ni mauvaise. Elle existe. Elle est là, c'est tout !

En revanche, l'humain est *subjectif*. VOUS ÊTES SUBJECTIF !

Placé devant cette réalité, vous êtes libre de la regarder sous un angle favorable ou défavorable. Vous êtes libre de la regarder de façon pessimiste ou optimiste. Par exemple, si vous êtes malade, vous pouvez en conclure : « Je vais aller de mal en pis ! », ou bien : « Je vais aller mieux ». Si vous n'avez pas un sou dans les poches de votre pantalon, vous pouvez en conclure : « Je vais y perdre mon pantalon ! », ou bien : « Je vais me débrouiller ».

Qui a raison, qui a tort ? Impossible de le savoir.

---

[3] En général, c'est le genre de tuyau que les psychanalistes gardent pour eux !

CE QUI COMPTE VRAIMENT, C'EST QUE VOTRE FAÇON DE VOIR VA DÉTERMINER VOTRE FAÇON D'AGIR, ET QUE VOUS ALLEZ TRAVAILLER À CHANGER LA RÉALITÉ DANS UN SENS OU DANS L'AUTRE.

DANS UN SENS PLUS HUMAIN? OU LE CONTRAIRE? TOUT EST LÀ...!

Mais ce qui est absurde, à notre époque, c'est la prétention à vouloir l'objectivité à tout prix. Les gens qui cherchent l'objectivité commencent par raisonner de cette façon : «Je ne vais pas me fier sur *mes* impressions, ni sur *mes* sentiments. Je vais faire abstraction de ce que *je* veux personnellement.» Alors ce qu'ils font est bien simple : ils s'évertuent à chercher tout le contraire! Ils voient les côtés de la réalité qui leur déplaisent, qui les angoissent. Et plus les choses leur semblent mauvaises, plus ils s'imaginent être objectifs et réalistes.

Ces gens ne sont pas réalistes, mais plutôt soumis face à la réalité.

Le vrai réalisme part de votre vision subjective de la vie et du monde. Être réaliste, c'est prendre vos responsabilités d'HUMAIN face à la réalité!

Vous est-il déjà arrivé, comme à beaucoup d'autres, de dénigrer une chose parce qu'elle vous paraissait subjective?

L'appel humain d'une femme

En juillet 1988, le gouvernement canadien menaçait d'expulser un jeune Malaisien en vertu de la Loi sur l'immigration. Ce sont les faits, pour autant que je puisse les décrire «objectivement».

Mais le jeune Malaisien avait fait il y a quelques années la connaissance d'une Québécoise. De leur union était né un petit garçon. Sept mois plus tard, le Malaisien sortait en quête d'un travail, comme il l'avait toujours fait auparavant, en laissant une note à la jeune fille. De retour en fin d'après-midi, il eut la surprise de trouver l'appartement vide. La fille avait décampé avec l'enfant. Il courut chez les parents. Personne. Tout le monde avait décampé !

Déboussolé, le jeune homme retourna chez lui pour attendre. Les semaines passèrent. Toujours pas de nouvelles. Comme il ne pouvait payer le logement seul, le propriétaire le mit bientôt à la porte. Et comble de malheur, ce fut au tour du gouvernement de lui montrer la sortie !

« On n'a pas le choix, expliquèrent les responsables de l'immigration. Il n'y a plus personne pour le parrainer, et, pour le parrainer, il faudrait qu'il soit déjà à l'extérieur du pays. C'est la loi !

– Mais ne peut-on pas faire une exception ? », demandèrent les gens d'un organisme de charité.

Comme toujours, la réponse fut non.

Mais les gens, au lieu de se résigner, montrèrent leur indignation :

« Si la loi ne prévoit rien pour ce jeune homme, répliqua une femme, alors elle est *inacceptable* et il faut l'*amender* !

– Le plus grave de toute cette histoire, ajouta-t-elle, c'est qu'on brime le droit d'un enfant à avoir un père ! »

Cette femme était-elle soumise à la réalité ?

À partir de son intervention, le drame vécu par le jeune homme a subitement pris toute sa dimension HUMAINE, sa dimension SUBJECTIVE.

Il était question de loi, me direz-vous, de règles obligatoires. Mais croyez-vous vraiment que l'opinion des gens de la société soit sans influence sur la façon dont les lois sont adoptées et même appliquées ?[4]

---

[4] La question de l'avortement nous en a donné récemment une preuve éloquente !

Il est surprenant de constater que dans plusieurs situations de la vie, des situations normales où la loi n'entre même pas en ligne de compte, plusieurs d'entre nous ne reconnaissent pas la DIMENSION HUMAINE!

À l'image de ces employés de l'immigration, ils se cachent derrière les étiquettes pour empêcher leurs sentiments de s'exprimer, pour couper le contact avec l'humain qui se trouve en face d'eux.

Vous êtes-vous récemment trouvé dans une situation où vous vous êtes senti « obligé » de rester insensible et froid face à un semblable? De mettre une distance, alors qu'aucune menace ne le justifiait?

Au-delà des étiquettes

Les étiquettes font partie de la vie sociale. Supprimez toutes les étiquettes et vous retrouverez 27 millions de Canadiens flambant nus.

Personnellement, les étiquettes m'amusent. Il y a plusieurs années, j'étais le « Professeur Chaput »; plus tard, je suis devenu le « Directeur ». Puis, à la suite de circonstances que je vous raconterai plus tard, les choses ont commencé à devenir moins précises. Je suis devenu « Chaput le conférencier ». Mais conférencier sur quoi? Alors, les gens m'ont appelé « Chaput le motivateur », un mot qui ne figure même pas au dictionnaire! Et ensuite, le « motivatologue », et j'en passe!

C'est le côté amusant des étiquettes. Les enfants ont un plaisir fou à ce jeu. Évidemment, les étiquettes ont aussi un côté sérieux; si vous possédez un doctorat en oto-rhino-laryngologie, c'est déjà un signe que vous connaissez bien les oreilles et la gorge, et si vous êtes médaillé d'or en plongeon olympique, c'est déjà un signe que vous plongez mieux que moi!

124

Mais peut-on regarder les gens autour de soi comme une constellation d'étiquettes et s'en tenir aux étiquettes pour les juger, les rejeter ou les accepter?

Récemment, on demandait à mon fils, qui importe des fromages de lait cru de France, à quelle université il avait passé son bac en fromages!

On me demanda à moi-même où j'avais obtenu mes diplômes de conférencier. Les gens ne semblaient pas comprendre que ce n'est pas le diplôme qui vous amène derrière un micro, mais la volonté de communiquer!

Lors de la remise de ma licence en Sciences commerciales, en 1954, notre directeur de l'époque, monsieur Esdras Minville, nous avait fait cette sage remarque: « Si cinq ans après avoir obtenu votre diplôme, vous avez encore besoin de sortir votre parchemin, d'ajouter les lettres au haut de votre nom, vous n'auriez pas dû passer à l'École. Car ici, on ne forme pas des diplômes, mais des hommes. »

Ce n'est pas le titre de docteur qui fait de vous un bon médecin, mais la volonté de vaincre la maladie, de guérir un malade, de prévenir la maladie parmi les gens.

Ce n'est pas le titre de directeur qui fait de vous un bon administrateur, mais la volonté de prospérer, de toujours offrir un meilleur service.

Avons-nous si peur d'aller au fond des choses?

Le génie déshabillé

Edison, qui inventa l'ampoule, n'avait aucun diplôme d'ingénieur. Certains plaisantins prétendent d'ailleurs que s'il en avait été autrement et que ce génie avait fait ses classes, nous en serions encore aux chandelles, sauf qu'elles seraient plus grosses!

Henry Ford, qui bouleversa les méthodes de travail industrielles, ne mit jamais les pieds dans une école de gestion.

Et la génétique moderne doit son existence aux découvertes que fit un vieux moine nommé Mendel en plantant des petits pois dans le jardin du monastère.

Ingénieur? Gestionnaire? Généticien?

Je ne crache pas sur les étiquettes. Mais elles ne disent pas tout, loin de là, sur l'individu à qui l'on a affaire et sur notre propre personne.

ELLES DONNENT UNE IMAGE RÉDUITE DE L'HUMAIN, UNE IMAGE QUI PEUT MENTIR.

Avez-vous acheté ce livre pour y retrouver les conseils d'un « motivateur » ou le témoignage d'un HUMAIN?

L'esclavage des étiquettes

Les étiquettes peuvent devenir des armes dangereuses entre les mains de gens inconscients. Quand elles sont à votre avantage, elles peuvent vous amuser ou même vous encourager dans un sens ou dans l'autre. Mais quand elles sont à votre désavantage, elles peuvent compromettre votre intégrité.

La soumission aux étiquettes est un drame pour plusieurs de nos semblables. Et, à un moment ou l'autre de notre vie, nous y sommes tous confrontés à divers niveaux. Comme membre de la société, il arrive souvent qu'on vous traite selon des critères qui n'engagent pas votre personne humaine.

Pour vous accorder un prêt, une maison de crédit fera enquête sur votre solvabilité, sur la valeur de votre revenu, et sur quelques détails budgétaires, et se moquera éperdument du reste.

Pour vous accepter en médecine, l'université vous fera passer dans une sorte de grand « moule à statistiques » déterminant si oui ou non vos notes sont supérieures à la moyenne, en se moquant de savoir si vous avez un talent inné pour manier le bistouri.

Pour vous admettre dans tel ou tel programme de subvention, le gouvernement se souciera uniquement de savoir si vous êtes éligible selon les règles déjà fixées.

Je me souviens même de la réponse du directeur de l'admission de la faculté de médecine d'une université québécoise à un jeune aspirant qui voulait le rencontrer pour expliquer sa démarche : « Ne vous rendez surtout pas à mon bureau : je ne vous recevrai pas ! Pourquoi ? Parce que je veux garder mon objectivité. » Eh oui ! Son objectivité ! Comme s'il n'était pas un humain avec des tripes et comme si rencontrer les gens faisait perdre son objectivité. Cette rencontre aurait pu l'aider à prendre une meilleure décision. D'ailleurs, l'aspirant en question est aujourd'hui dermatologue, spécialisé en cancer de la peau. Notre directeur de l'admission doit être toujours aussi objectif et, dans les années à venir, sera probablement remplacé par un ordinateur de poche qui, lui, travaillera vingt-quatre heures sur vingt-quatre sans se fatiguer, toujours aussi objectif.

Et l'on pourrait allonger la liste de toutes les situations semblables où la personne humaine se trouve réduite à une poignée de critères.

Mais le plus grave, c'est d'accepter ces réductions parfois arbitraires, de les accepter *inconsciemment*, au point de réduire la vision que l'on a de soi-même. On en arrive alors à ne plus se considérer comme une personne humaine. *Comme une personne humaine avec toutes les possibilités que cela implique.*

Teilhard de Chardin disait : « L'homme est poussé de l'ordinaire à l'extraordinaire. »

Je connais des gens extraordinaires qui ont fait l'inverse, qui se sont laissés pousser vers « l'ordinaire » à cause d'une simple étiquette.

Et nous-même ? Regardons-nous agir. Cherchons-nous l'humain compétent, ou l'humain diplômé, étiqueté !

K.C. Irving : à bas les étiquettes !

Chaque année la revue *Fortune* dresse la liste des cent personnes les plus riches du monde. À leur grande surprise, des Canadiens s'y trouvent ! Ce qui me frappe à mon tour, c'est de constater que l'un des plus riches d'entre ces Canadiens, avec, à un moment donné le sixième rang mondial, ne vient pas de... Toronto ! C'est un gars du Nouveau-Brunswick dont le nom ne vous dira peut-être pas grand-chose : K.C. Irving.

La carrière de cet homme remonte loin. En 1928, K.C. Irving ouvrait une concession de la compagnie Ford à Buctouche, un petit village de sa province. Il voulait y vendre des voitures neuves. Pourtant, le village ne comptait que quelques centainesde pêcheurs et leurs familles. De plus, il n'y avait même pas de station-service dans les environs. Les compagnies pétrolières ne voulaient pas en installer, « faute de marché suffisant ». Alors K.C. Irving décida de fonder sa propre compagnie pétrolière : *Irving Oil*. Et le marché, soi-disant « insuffisant », prit bientôt une expansion surprenante !

Deux ans après la fondation de la *Irving Oil*, soit en 1930, il émit ce règlement très strict à tous les membres de son personnel, directeurs, cadres, employés ou balayeurs :

> Interdiction formelle de mettre un titre sur sa carte de visite.
> Seuls doivent y apparaître le nom de la compagnie et celui de la personne.

Ne trouvez-vous pas plus stimulant d'entrer en contact avec un monsieur Tremblay, une dame Dupont ou une dame Smith, plutôt qu'avec des « Monsieur le directeur », « Maître untel » ou « Madame le docteur » ?

Et vous-même ? Que dites-vous la première fois que vous rencontrez quelqu'un ? Parlez-vous de vos fonctions, de vos diplômes, de vos titres, ou préférez-vous qu'on vous reconnaisse comme HUMAIN À PART ENTIÈRE ?

Un jour, je demandai son nom à un jeune homme. Quelle ne fut pas ma surprise de l'entendre dire « plombier ». Mais ce n'est pas un nom, plombier ! C'est un métier ! Combien de fois n'entend-on pas répondre à la question « Qui êtes-vous ? » « Je suis le frère de ... la sœur de ... la femme de ... » Pas de nom ? Obligé de se référer aux autres, au titre, au métier pour se définir.

Ligues humaines versus lignes d'autorité

Durant la Seconde Guerre mondiale, Allemands et Anglais se disputaient la mise au point du radar. C'était à qui trouverait le premier la façon de mettre en pratique les découvertes scientifiques pour faire échec à l'aviation ennemie.

Du côté allemand, les lignes d'autorité étaient très fortes. Les messages circulaient de haut en bas, de l'officier supérieur jusqu'aux ouvriers, en passant par les ingénieurs.

Mais du côté anglais, la méthode préconisée ressemblait plutôt à une sorte d'anarchie : toutes les gens impliqués parlaient entre eux autour d'une table ronde, sans se soucier des médailles, des uniformes ou des titres. Résultat : l'information circulait deux fois plus vite, les idées abondaient. Quelques mois plus tard, les Anglais inauguraient le premier radar, alors que les Allemands en étaient encore au stade de la paperasse !

D'ailleurs, le mot anglais « brainstorming » vient de ces expériences où on laisse libre court aux idées, aux intuitions. On interdit même les critiques, les idées négatives afin de laisser l'imagination errer à sa guise. Les résultats en sont très surprenants. Mais on hésite à laisser aller son égo, son pouvoir !

Quarante-trois ans plus tard, je me promène dans les compagnies, les écoles, les universités, les hôpitaux, et je vois les gens encore aux prises avec le vieux système. Les membres des conseils d'administration planent au-dessus des employés et, plus souvent qu'autrement, les messages circulent du haut vers le bas !

Les titres, les fonctions, la position hiérarchique de chaque personne déterminent son droit de parole et le genre d'initiative qu'on lui accorde.

C'est la bonne vieille méthode des lignes d'autorité, la bonne vieille pyramide.

Cette méthode était en usage à l'époque des pharaons.

Mais ne la trouvez-vous pas démodée et ridicule, alors que nous sommes censés vivre en plein siècle des communications ?

Pourquoi des lignes de communication ? POURQUOI PAS DES LIGNES HUMAINES ?

Le bonheur, disions-nous au premier chapitre, se trouve dans la relation humaine. Le but avoué ou inconscient de chacun de nous est de vivre une relation humaine qui réponde à ses attentes, qui l'aide à trouver le bonheur.

Mais n'en va-t-il pas de même pour les compagnies et pour toute forme d'organisation où des humains sont *nécessairement* en relation les uns avec les autres?

C'est tellement vrai que de plus en plus d'Américains aujourd'hui considèrent leurs compagnies comme des « networks », des « réseaux » de relations humaines.

Si les Anglais ont trouvé le radar, grâce à une relation ouverte, souple et humaine, pourquoi nos compagnies et nos organisations n'auraient-elles pas la même philosophie pour trouver la solution à leurs problèmes et pour aider leurs membres à trouver le bonheur?

Pourquoi pas?

Le moment de vérité de *Scandinavian Airlines*

Dans ce même esprit, la compagnie aérienne *Scandinavian Airlines* se livra un jour à un calcul étrange.

Scandinavian Airlines reçoit plus de dix millions de clients par année. À cinq reprises, chacun de ces clients traite avec l'un ou l'autre des employés de ligne pendant 15 secondes. Dix millions de fois, le client et l'employé échangent des paroles, des regards, des gestes. Et cinquante millions de fois, qu'on le veuille ou non, il en ressort quelque chose de différent, quelque chose de personnel et d'HUMAIN.

Le président de *Scandinavian Airlines* appelle ces relations des « Moments de vérité ». Il y a cinquante millions de moments où l'entreprise doit prouver aux clients qu'elle prend soin d'eux: ces moments feront le succès ou la déconfiture de l'entreprise.

Devant ces faits, je connais beaucoup de patrons qui deviendraient blêmes de frayeur: « Mais c'est l'anarchie! On va perdre le contrôle si on les laisse aller à leur guise! Il faut imposer des consignes, réglementer, standardiser! »

Mais les gens de la *Scandinavian Airlines* ont raisonné autrement. Pour eux, ces millions de contacts personnels avec les clients représentaient *autant de « moments de vérité » pour la compagnie!*

Les directrices, les directeurs et le personnel cadre se sont alors regardés en disant: « Qu'est-ce qu'on fait ici à remuer de la paperasse? C'est là-bas, dans les avions

131

et dans les aéroports que tout se passe ! Il faut aider les employés au lieu de leur mettre des bâtons dans les roues ! »

À partir de ce moment, la hiérarchie démodée a été supprimée. Sur les murs de la compagnie, un nouvel organigramme a remplacé l'ancien :

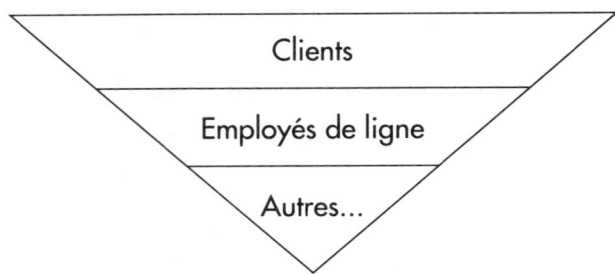

Le client au sommet ! Les employés de ligne au milieu et en bas, tout en bas, la direction et les cadres qu'on a simplement désignés par le mot « autres... » !

C'est le monde à l'envers, me direz-vous ?

En réalité, on a ouvert les bras aux clients. On a accepté d'engager une relation véritable, de s'ouvrir à leur influence. Et dans cette philosophie, il était naturel que l'employé de ligne occupe la position privilégiée au sein de la compagnie, puisque la relation se fait par son entremise. C'est à lui que madame Unetelle dira : « J'ai horreur d'empiler mes belles robes dans des valises », que monsieur Untel dira : « Je prends toujours mon martini avec une olive ».

Et si les « autres » sont là, c'est pour traduire cette relation avec la clientèle par des améliorations concrètes, en veillant par exemple à l'aménagement de garde-robes dans les avions pour les robes des passagères, à l'approvisionnement en olives pour le martini des passagers !

Vous vous demandez peut-être jusqu'où tout cela peut nous mener ?

C'est la question qui préoccupe plusieurs patrons !

Ils hésitent encore à laisser jouer l'influence des humains, qu'ils soient employés ou clients, parce qu'ils craignent que cette influence aille dans le mauvais sens.

Mais l'influence des humains ne compromet pas l'existence d'une compagnie. Au contraire, elle en renforce la raison d'être !

L'exemple de *Scandinavian Airlines* est, au fond, celui d'une DÉMARCHE DE RESPECT HUMAIN. Une démarche de respect humain telle qu'on pourrait la faire à tous les niveaux de la société ! C'est un témoignage d'amour !

« Dessine-moi une bicyclette... »

Il y a quelques années, un fabricant de bicyclettes a tenté une expérience auprès d'un groupe d'enfants. Il leur a offert des hot-dogs et des liqueurs douces au restaurant du coin et, pendant qu'ils se régalaient, il leur a demandé de lui décrire la bicyclette de leurs rêves. Assis près de lui, un dessinateur prenait des croquis.

« Moi, a dit un garçon, j'aimerais une bicyclette avec un siège très long, mais très très mince...

– Mais comment vas-tu t'asseoir sur un siège pareil ? répliqua l'homme.

– C'est pas un problème, répondit le garçon. Je ne m'assois jamais ! »

Pendant ce temps, chez CCM, des spécialistes étudiaient toutes les façons possibles de rendre leurs sièges plus confortables et mieux adaptés à l'anatomie de jeunes enfants.

Mais le garçon ne s'assoit jamais ! À quoi bon ?

Pourquoi pas un siège très long, un siège farfelu, quitte à défier les règles de l'anatomie ?

Les gens diront : « Ce n'est pas bon pour le derrière des enfants. » Mais les garçons trouveront toujours

133

le moyen d'user leurs fonds de culotte, faites-leur confiance! Dans ces conditions, pourquoi ne pas les écouter? pourquoi ne pas tendre l'oreille à leurs désirs dans une démarche de respect?

Et nous? Faisons-nous cette démarche de respect au travail, dans la vie sociale, dans nos relations humaines en général?

Abbott Laboratories : à bas la castration!

Aujourdh'ui, la santé est l'une de nos grandes préoccupations. Mais, de nos jours, les gens ne craignent pas seulement la maladie. Ils craignent aussi le séjour à l'hôpital. Ils ont peur d'être manipulés, de devenir des « objets » entre les mains du corps médical.

Ils craignent également, et par-dessus tout, de subir des mutilations contre leur gré.

C'est le cas sans doute de ces malades atteints du cancer de la prostate. Il n'y a pas si longtemps, la médecine ne connaissait qu'un seul remède assez brutal à cette maladie : la castration!

Puis, un beau jour, une compagnie pharmaceutique, *Abbott Laboratories*, découvrit un médicament capable de soigner le cancer sans chirurgie. Donc, plus besoin de castrer.

« Eurêka! ont-ils crié aux chirurgiens. Nous avons la solution! Vous n'aurez plus à castrer vos patients!

Mais les chirurgiens ont réagi froidement à cette découverte :

– Un petit moment, ont-ils répondu. Ce n'est pas prouvé... Et d'ailleurs, qu'est-ce que ça peut bien faire qu'on castre ou non? Les gens qui ont le cancer de la prostate sont des personnes âgées. Et leurs testicules ne leur servent plus à rien. Alors? »

Les gens d'Abbott n'en croyaient pas leurs oreilles ! Cette réponse froide et cynique les déconcerta. Selon eux, supprimer la castration aurait dû représenter un bond en avant. Après tout, même si on n'a plus la jeunesse de ses vingt ans, personne n'apprécie les mutilations ! Et encore moins celle-là !

« Mais, après tout, les chirurgiens n'ont rien à voir là-dedans !, ont-ils réalisé tout à coup. Ce ne sont pas eux nos CLIENTS ! »

Ils décidèrent alors de descendre plus bas, le plus bas possible pour intercepter le client avant que le système médical ne le prenne en charge, avant même qu'il ne mette un pied à l'hôpital ! Ce qui les conduisit tout droit dans les cabinets des médecins de famille.

La réponse ne se fit pas attendre. Informés du produit par leur médecin de famille, les prostatiques se montrèrent emballés.

Aujourd'hui, ce nouveau produit est d'usage courant en Amérique du Nord.

Mais que serait-il arrivé si Abbott avait suivi en mouton l'avis des chirurgiens et du système médical au grand complet ?

Rien. Il ne serait rien arrivé.

On aurait continué de castrer les gens souffrant du cancer de la prostate.

Mais les gens d'Abbott ont compris une chose capitale et très simple : si vous avez quelque chose à proposer, c'est le principal intéressé qu'il faut voir, pas les autres ! L'être humain vous en apprendra davantage sur ses besoins que n'importe quel spécialiste !

Ce qu'ils ont appris, c'est se mettre dans la peau du client ! dans la peau de l'autre. La seule démarche, c'est d'aller voir le client, lui demander ce qu'il pense, ce qu'il ressent : lui seul est maître à bord. Pourtant, pendant des années, on a produit des choses d'abord, puis cherché à

135

les vendre par la suite, au lieu de procéder à l'inverse : demander ce que le client veut et fabriquer par la suite.

Le système le plus parfait ne vous dira jamais mieux que l'être humain lui-même ce qui est bon pour lui, ce qui est bon pour vous. Il peut proposer des solutions à vos problèmes, des façons de vous comporter face à certaines situations, mais votre plus belle source de connaissance se trouve dans la RELATION HUMAINE.

Elle est *subjective*, comme le dégoût de la castration.

Elle est à votre image, une image d'émotions, de sentiments, d'opinions et de désirs : UNE IMAGE HUMAINE !

Une dose de confiance humaine

Les bureaucrates et les spécialistes qui s'occupent d'organiser des systèmes invoquent souvent un argument discutable pour rejeter des idées comme celles de ce chapitre : l'argument de la responsabilité. « Si l'être humain était foncièrement responsable, disent-ils, le monde serait parfait. On n'aurait pas besoin de leur imposer des systèmes, on pourrait même se passer de lois ! »

Mais c'est l'éternelle question de la poule avant l'œuf ou l'œuf avant la poule : oblige-t-on les humains à se conformer à un système parce qu'ils sont irresponsables ou n'est-ce pas le système lui-même qui, par ses abus, finit par nous enlever le sens des responsabilités ?

On pourrait philosopher longtemps sur cette question !

En réalité, le système dans lequel nous vivons au Canada est bien loin d'être une dictature ! Il accorde à l'individu toute la liberté nécessaire pour s'épanouir.

Et si l'individu ne la prend pas, c'est peut-être parce qu'il a remis cette responsabilité entre les mains du système, entre les mains du gouvernement, de l'école, de l'hôpital, etc. Il attend qu'on vienne le chercher, qu'on s'occupe de lui, en lui disant quoi faire. Le gouvernement canadien dépense des fortunes colossales chaque année dans la *prise en charge* des citoyens! On réclame un emploi comme si au gouvernement on créait des emplois!

Si vous êtes comme moi un contribuable, vous n'avez pas besoin d'un long exposé de la situation : votre feuille d'impôt suffira pour vous convaincre à quel point nous sommes devenus une société « d'assistés ».

Dans ce contexte, il est alors facile de prétendre que les gens sont irresponsables.

Mais le sont-ils *foncièrement* ?

J'ai toujours été surpris de voir comment l'animal avait le sens du mot responsable! D'ailleurs, n'est-ce pas la seule chose qu'il peut laisser à ses petits ? La seule chose qu'il peut laisser en mourant, c'est ce sens des responsabilités. Peut-être Raymond Lévesque, le chansonnier, avait-il raison quand il disait que le Créateur avait doté l'homme d'un cerveau mais avait oublié de lui en donner aussi le mode d'emploi. Voyez le petit moineau donner un cours de « vol » à un autre petit moineau : le cégep est très court : tout cela se fait en une leçon. Et hop! en bas du nid. On n'a jamais vu un moineau tirer un autre moineau. La mère ne lui explique même pas ce qu'est un chat. Quand il en verra un, il se sauvera bien.

« Et toi, le père, que fais-tu avec ton grand gars de 28 ans à la maison ?

– Ah! Il n'est pas encore prêt!

– Pourtant, fais comme l'oiseau! En as-tu déjà vu un passer 3 ans dans le nid ? »

Je me souviens d'avoir rencontré un jeune homme de 34 ans à l'Université de Montréal! Il avait terminé quatre facultés et en cherchait une cinquième pour parfaire son éducation. Un gars comme lui va passer directement de la bourse d'étude au fonds de pension. Il a oublié de s'envoler.

Et c'est la même chose pour une vache qui explique à son veau que le temps de la tétée est terminé. Jamais elle ne le dit en acheminant un « mémo » écrit. Non ! C'est, comme on dit dans le jargon des affaires, du « *One on One Communication* ». Chaque fois que le veau touche au pis, il reçoit un coup de patte ; il y revient, un autre coup de patte. Après une quinzaine de tentatives, il apprend vite qu'il doit brouter l'herbe s'il ne veut pas se faire tuer. Et savez-vous ce que cela produit à chaque fois : un veau qui devient vache !

Pourtant, quand il s'agit de l'humain, de l''animal humain ! N'y-a-t-il pas enfoui en dedans de lui, le sens de la responsabilité ?

Je vais vous raconter un fait surprenant à ce sujet, une expérience tentée, encore une fois, par *Abbott Laboratories*.

Depuis longtemps, dans les hôpitaux, les malades devaient sonner l'infirmière pour recevoir une dose de sédatif. Et l'infirmière devait s'en remettre au jugement du médecin pour contrôler les doses quotidiennes. Il n'y a pas pire juge que le malade, croyait-on. Si on le laissait décider lui-même de ses injections, il serait bien capable d'en faire une surconsommation !

Mais les gens d'Abbott ont dit : « Pourquoi pas ? »

Ils ont alors inventé un procédé audacieux permettant aux malades alités de s'injecter eux-mêmes leur sédatif par intraveineuse.

Quelques hôpitaux acceptèrent d'en faire l'essai, non sans crainte. On avait peur que les patients se mettent à abuser et que toute l'aventure se termine par une orgie de sédatifs.

Mais c'est tout le contraire qui arriva !

On s'aperçut avec stupeur qu'une fois devenus *responsables* de leur dose, les malades prenaient *trois fois moins* de sédatifs qu'auparavant !

Cet exemple peut vous sembler anodin.

Pour moi, c'est une révolution! Une révolution qui devrait porter chacun de nous à revoir ses opinions sur l'être humain.

Ce qui a manqué, ces dernières années, ce qui a le plus cruellement manqué à notre société, c'est un SENTIMENT DE CONFIANCE À L'ÉGARD DE L'ÊTRE HUMAIN.

On jongle encore avec l'œuf et la poule : les humains sont-ils responsables ou irresponsables?

Mais c'est une question sans réponse. Vous pouvez répondre oui ou non et vous aurez raison dans les deux cas. C'est une incertitude! C'est irrationnel!

La responsabilité humaine est avant tout un *sentiment*!

Si vous la regardez d'un point de vue froid et rationnel, d'un point de vue sécuritaire, vous serez fatalement poussé à la rejeter. Vous auriez dit non à l'expérience d'Abbott pour ne pas encourir de risques. Les malades vont-ils prendre leurs responsabilités ou vont-ils abuser des sédatifs? Comme vous n'obéissez qu'au raisonnement, vous auriez choisi la solution la moins risquée, celle de l'irresponsabilité!

Mais, chez *Abbott Laboratories*, on a choisi l'audace!

On a choisi la voie du RESPECT HUMAIN, la voie de la CONFIANCE! Et le résultat a dépassé toutes les espérances et fait basculé tous les préjugés.

Pouvez-vous imaginer le visage que prendrait notre société si cette attitude face à l'humain était au moins aussi répandue que l'attitude contraire?

Et nous-mêmes?

L'avons-nous adoptée?

Pourquoi ne pas le faire maintenant?

139

Une famille moderne

Les sociologues ont l'habitude de dire que la société est à l'image de la famille[5].

Il y a déjà quelques années, dans le même ordre d'idées, André et Madeleine Frappier écrivaient un petit livre dont le titre, *Une famille libre*, évoquait une certaine fièvre hippie des années soixante.

En réalité, c'est le compte rendu simple et touchant d'une expérience qui rappelle un peu celle d'*Abbott Laboratories*, par l'audace et le sentiment de confiance qu'elle reflète.

Un bon jour, M. et Mme Frappier ont décidé de rompre avec certaines conceptions familiales et de considérer leurs enfants comme des partenaires égaux.

Jusqu'ici rien d'extraordinaire. Beaucoup de parents essaient d'en faire autant !

Mais toute leur histoire tournait autour... de l'argent ! Et la première chose qu'ils ont réalisée, c'est que l'argent peut facilement devenir un objet de pouvoir pour celui qui le possède et un objet de soumission pour celui qui doit le réclamer.

Après paiement des hypothèques sur la maison et paiement des divers comptes, ils décidèrent donc de partager le reste chaque mois *en parts égales* entre eux-mêmes et leurs deux petits garçons ; chacun pouvait en disposer comme bon lui semblait pour manger, se vêtir et se divertir.

Imaginez le petit garçon faisant irruption dans la plus proche confiserie avec son billet de cent dollars !

Vous allez me dire : « C'est fou ! La confiance, c'est beau, mais il y a des limites ! »

Je ne donne pas les Frappier en modèle.

---

[5] Ou vice versa !

Si vous avez une famille à élever ou si vous songez à en fonder une, le mieux à faire c'est encore de suivre votre intuition, de laisser parler votre cœur.

Mais les résultats portent à réfléchir.

Vingt ans plus tard, les deux garçons étaient diplômés d'université. Ils avaient acquis un étonnant sens des responsabilités et une complète autonomie.

Le plus frappant dans cette histoire, c'est que beaucoup de gens aujourd'hui prétendent que la disparition de la famille traditionnelle, avec le père autoritaire et la mère nourricière, est à l'origine de tous nos problèmes sociaux. Avant, selon eux, le monde n'était pas parfait, mais il respectait un ordre, alors qu'aujourd'hui, tout s'en va de travers !

Que dire alors de la famille Frappier qui est loin d'être traditionnelle ? Est-ce un fiasco pour notre société ?

Les Frappier ont simplement fait la preuve que l'être humain est rempli de solutions, de créativité, et qu'il possède une souplesse qui lui permet de se redéfinir.

On peut tout redéfinir, tout est susceptible de changer et de changer pour le mieux, autant cette petite « société » familiale que la grande société dont nous sommes les membres.

Le grand philosophe grec Épicure s'irritait d'ailleurs chaque fois qu'on prétendait que l'homme était « parfait ».

« Il n'est pas parfait, répondait-il, il est perfectible. »

Ce qui veut dire que nous devons, comme le dit le vieux dicton, cent fois sur le métier remettre notre ouvrage.

Mais, pour cela encore, il faut avoir l'audace de le faire !

Appelez-moi « Bernie »

La lecture de ce chapitre vous a peut-être étourdi ? Tant de possibilités ! Tant de possibilités !

Nous aurions pu continuer indéfiniment sur cette lancée. Dès qu'on parle de l'humain, *les possibilités s'enchaînent les unes aux autres!*

Pour employer une formule qui peut paraître prétentieuse, je dirais que la possibilité est le propre de l'humain. Et c'est encore plus vrai à notre époque de progrès et de haute technologie.

Le malheur de notre époque, c'est que certains finissent par ne plus voir la solution de rechange et par adopter une conception réduite, une conception pauvre de l'être humain.

Dans les cas les plus graves, ces gens en arrivent à oublier qu'ils sont eux-mêmes des *humains à part entière.*

Ils essaient de s'en faire une idée rationnelle alors que l'humain est d'abord un sentiment. Et je ne parle pas ici de sentiment d'appartenance à une race ou à un groupe, ce qui pourait s'expliquer peut-être, *je parle d'un sentiment irrationnel, un sentiment inexplicable, un sentiment qui s'exprime !*

En un mot : c'est une recherche du bonheur à l'image de cette révolution qui changea du jour au lendemain la vie d'un homme comme le « docteur » Bernie S. Siegel.

Rien de très spectaculaire d'ailleurs. George Segal avait simplement choisi un beau jour de ne pas revêtir son sarrau de spécialiste et d'entrer dans son cabinet dans ses vêtements ordinaires.

« Appelez-moi Bernie ! avait-il lancé à sa secrétaire et aux patients étonnés. Bernie, c'est comme cela qu'on me m'appelait quand j'étais petit ! »

À ses patients atteints de maladies incurables, il déclara :

« Ça ne sera pas facile ! Mais on va combattre ensemble. On va s'occuper ensemble de cette maladie. Si vous avez des suggestions, je suis là pour les écouter. Si vous pensez que ça pourrait vous aider de marcher sur la paume des mains, la tête à l'envers, je suis prêt à le faire avec vous !... »

Il a même été jusqu'à raser complètement ses cheveux. Il ne pouvait pas se montrer avec sa chevelure épaisse devant des malades perdant leurs cheveux à cause de traitements de chimiothérapie. Il voulait se mettre dans la peau du patient, et cela, le plus complètement possible !

En voyant « Bernie » agir ainsi, on a l'impression qu'il cherche à refléter exactement l'image contraire de sa profession.

Le ton est souriant, mais Bernie ne plaisante pas. Il est au fond agacé, agacé par les étiquettes et par tout ce qui déshumanise les rapports entre les gens.

Revenir à la richesse des sentiments, revenir à un monde plus humain, c'est le but qu'il exprime et c'est le but que les gens, de plus en plus nombreux, commencent à exprimer.

Ici même au Québec, Robert Ouimet, président et propriétaire du Groupe Ouimet Cordon Bleu, a osé trancher avec les anciens discours des hommes d'affaires pour créer un nouveau langage dont les mots clés sont «bonheur» et « atmosphère humaine ».

« Cette atmosphère, confiait-il au journal *Les affaires* du 27 juin 1981, est faite de deux millions de petites choses, à commencer par le sourire du patron et tout ce qui influence les rapports entre les êtres...

– Quand j'ai décidé de reconstituer l'équipe de direction de la compagnie il y a six ans, poursuivait-il, non seulement je voulais aller chercher des gens compétents, mais encore je devais m'assurer d'avoir des personnes sensibilisées au bonheur des autres. »

Il y a une vingtaine d'années, on aurait plutôt parlé d'étude de marché, de réussite, de succès... Le mot « bonheur » change toute la perspective ! C'est un retour à l'humain comme fondement du système, une insistance sur la qualité des relations humaines.

Et revenir à l'humain, c'est au fond revenir à vous !

C'est revenir à vous comme humain à part entière !

Revenir à soi-même

Le coup de pied qui m'a fait réagir !

Longtemps avant de parcourir l'Amérique du Nord pour y donner mes conférences, j'étais ce qu'on peut appeler un homme d'affaires. En fait, j'ai essayé beaucoup de choses au cours de ma vie et on risquerait de s'y perdre en cherchant mon étiquette précise ! Je préfère encore m'en tenir à l'étiquette de Jean-Marc Chaput, un être humain à part entière comme vous et comme nous tous.

Mais toujours est-il qu'à cette époque je rêvais de mon premier million.

Et pour raconter une histoire courte qui vous fera sans doute sourire, j'ai finalement atteint ce rêve à 37 ans grâce... à l'informatique ! La compagnie que j'avais fondée s'occupait de mettre sur ordinateur les paies des compagnies pour rationaliser, eh oui, *rationaliser*, la distribution des salaires. Moi, Jean-Marc Chaput, l'*irrationnel* !

Mais rassurez-vous : je n'ai jamais cru qu'on pouvait « rationaliser » à la fois les chèques de paie et les employés qui les encaissent, comme certains essaient de le faire aujourd'hui !

D'ailleurs, je n'ai pas suivi la vague informatique jusque là. Un jour, j'ai voulu ouvrir un bureau du côté de Toronto. J'y ai rencontré un groupe avec qui je décidai de fusionner ma compagnie. Par la suite, l'entreprise fut inscrite à la Bourse de Toronto et Jean-Marc possèdait plus de 10 % des actions émises par l'entreprise.

La vente de cette compagnie a rapporté beaucoup. Du jour au lendemain, les zéros se sont alignés à mon bilan personnel. C'était la première fois de ma vie que je touchais de près la richesse !

Avec une épouse et cinq bouches à nourrir, cette fortune était comme un cadeau du ciel. J'avais atteint ce que la plupart des gens appellent la réussite, c'est-à-dire la grosse maison, la grosse voiture, le gros train de vie et une certaine illusion de sécurité.

Mais faites confiance à la vie, si vous entretenez ce genre d'illusion, elle se chargera tôt ou tard de la détruire !

En réalité, j'ai un peu perdu le souvenir de cette fortune éphémère. Je me rappelle surtout de la catastrophe qui allait suivre...

Pour raconter une autre histoire courte, disons que j'avais investi d'énormes quantités d'argent dans une nouvelle compagnie. Dans un geste large, j'avais ouvert mes coffres à des gens dont la compétence ne pouvait être mise en doute, en eur disant : « C'est votre responsabilité, faites-en ce que vous voudrez. »

Régulièrement, je devais faire des avances à cette nouvelle entreprise. J'allais même jusqu'à emprunter pour pouvoir financer le tout. Mais les choses allaient de mal en pis !

Quand le monde s'écroule sous vos pieds !

À mon retour d'un voyage à l'étranger, je les ai retrouvés finalement au bord de la catastrophe. Le bateau coulait ! Quand j'ai enfin sauté à bord pour reprendre le gouvernail, il était trop tard ! J'avais réalisé trop tard une des grandes leçons de la vie : si tu veux que les choses soient bien faites, fais-les toi-même *d'abord* !

En un seul jour, j'ai vu que toute ma belle fortune avait fondu comme neige au soleil !

Mes enfants étaient déroutés. Ma femme avait les nerfs à fleur de peau et c'était pire de mon côté.

Partout autour de moi, les gens m'ont sorti le même refrain : la *faillite* !

La dette était énorme. Je savais qu'il me faudrait des années pour en venir à bout. En apposant ma signature sur une déclaration de faillite, je pouvais me libérer en une fraction de seconde. Mais j'ai refusé.

On a tout fait pour m'en convaincre. Peine perdue ! Les gens de mon entourage ont dû penser : « Il est fou ! » Mais le sentiment de ma responsabilité était en jeu !

Je n'aurais pu me regarder dans un miroir et me dire que j'avais bien fait les choses en déclarant faillite. On peut penser à la faillite, mais de là pour moi à déclarer forfait, je ne pouvais m'y résigner. À tort peut-être, qui pourra le dire ? Je ne voudrais surtout pas blâmer ceux qui ont fait faillite dans leur vie ! Je sympathise avec eux !

Aussitôt, notre maison a été saisie. Les huissiers sont venus chez nous pour numéroter la moindre petite babiole, à quatre pattes sur le tapis pour ne pas en oublier.

On aurait dit que la Troisième Guerre mondiale venait d'éclater, à regarder le contenu de notre garde-manger. Et quand le temps est venu d'envoyer nos enfants en colonie de vacances, nous avons dû faire appel aux fonds de l'assistance sociale pour payer les frais.

Pire encore : le gérant de la Caisse populaire ne voulait plus rien entendre à mon sujet ! Et perdre l'amour de son gérant, c'est la chose la plus dramatique qui puisse arriver ! Celui-là me refusa tout net un ridicule prêt de 500 $ avec endosseur, un de mes amis.

« Pourquoi vous ? s'est-il contenté de répondre en pointant l'ami qui était venu m'endosser. Pourquoi ne pas lui donner vous-même l'argent ! »

147

En rentrant chez moi, le soir, j'évitais soigneusement la porte du sous-sol pour ne pas me retrouver en face des caisses de paperasses que j'avais rapportées des bureaux et dans lesquelles je pensais découvrir un jour les vraies raisons de la catastrophe.

Mais, pour l'instant, je faisais surtout des efforts surhumains pour ne plus y penser et me dessiner un nouvel avenir.

Qu'auriez-vous fait à ma place ?

Le marginal se réveille...

Je me souviens du mardi qui avait suivi la tempête. Les enfants étaient partis à l'école et je ruminais mes idées noires dans la cuisine, en robe de chambre, buvant mon éternel café, quand ma femme passa devant moi :

« Alors maman... Qu'est-ce qu'on fait maintenant ?

– C'est bien simple, me dit-elle. On recommence.

– Comment ça, on recommence ? On n'a plus rien à vendre. Ils ont tout saisi, même le banc du piano !

– Non papa... Il y a une chose qu'ils ont oubliée de saisir...

Mon premier réflexe a été de regarder autour de moi. Alors, ma femme s'est approchée et m'a fixé droit dans les yeux :

– Réfléchis, papa...

– Je ne vois pas...

– ... C'est ton cœur, papa ! Ton jugement, ton intuition, ton enthousiasme ! Ce sont des choses qu'ils ne pourront jamais saisir et c'est avec ça qu'on va recommencer ! »

Ce qui s'est produit dans l'instant qui a suivi est encore confus dans ma mémoire. La remarque de ma femme m'avait fouetté comme une douche froide.

148

Tout était là ! C'est le résumé, en quelques mots, de tout ce que vous avez lu jusqu'ici ! LE CŒUR, L'INTUITION, L'ENTHOUSIASME À LA BASE DE VOS ACTES, À LA BASE DE VOTRE RÉUSSITE !

Réussir, s'affirmer, n'est-ce pas d'abord un SENTIMENT ?

On aurait dit que je me réveillais d'un long cauchemar.

La réalité était là, *objective*, et j'étais là en face d'elle, *subjectif*, acculé au pied du mur, forcé de faire un choix : me morfondre sur mon sort ou prendre la responsabilité d'agir ?

Dans le temps de le dire, j'étais rivé à mon téléphone et je faisais résonner des offres mirifiques à l'oreille des directeurs de compagnie.

« Allô ! J'ai quelque chose de fan-tas-ti-que pour vous ! Il faut absolument qu'on se rencontre ! Ça presse !... »

Le lendemain, je me retrouvais dans un bureau, prêt à décharger mon enthousiasme sur le directeur qui m'avait reçu :

« Vous savez, la chose excitante mentionnée hier au téléphone : eh bien ! c'est moi ! Je vais entraîner vos vendeurs et les gars de votre compagnie. On va les accompagner sur la route. On va découvrir pourquoi ça fonctionne et pourquoi ça ne fonctionne pas ; on va surtout chercher leur recette de succès. Et on va mettre tout ça ensemble pour enseigner cette recette du succès à tous les gens de l'entreprise !... »

Au bout d'une demi-heure, le directeur était pendu à mes lèvres. Mais c'est alors qu'il m'a posé la grande question :

– COMBIEN ?... »

Et j'étais le premier stupéfait de m'apercevoir que je n'en savais rien. J'avais prévu la question, mais en m'efforçant de ne pas trop y penser. Et j'y suis finalement allé d'une réponse maladroite :

« ... Combien paies-tu d'habitude pour ce genre d'affaires ? »

La pire chose à répondre !

Voyez-vous ! Je n'avais pas de liste de prix où était indiqué que cela ne se vendait qu'en format de douze, et qu'on ne brisait jamais les boîtes.

Mais le marché a été conclu malgré tout. Quelque temps après, je louais une salle pour dispenser des causeries à ses vendeurs. De fil en aiguille, ma réputation s'est étendue aux autres compagnies, mon message a pris une portée plus générale, mon public s'est élargi du même coup. ET JE SUIS DEVENU LE CONFÉRENCIER IRRATIONNEL ET MARGINAL QUE LES GENS CONNAISSENT.

La dette a été épongée comme dans les contes de fées.

Et j'ai appris à ne plus craindre la question « combien ? ». Si bien, que les gens m'appellent parfois pour s'informer de mes tarifs et sont tout surpris de se buter à un mur de briques :

« À ce prix-là, disent-ils, aussi bien inviter un ministre... On l'aurait pour trois fois rien ! »

Je les laisse inviter leur ministre à leur guise, mais je ne déroge pas de mon prix.

Ne suis-je pas, après tout, le mieux placé pour décider de ma propre valeur ?

Il faut apprendre à mettre un prix sur le service que l'on rend.

Ceci cependant, ne doit pas, sous prétexte de discipline, tuer l'idée d'aider les autres. Je ne dirai pas que j'ai toujours adhéré à une stricte liste de prix. J'ai fait des remises substantielles, mais je l'ai toujours fait sachant que le prix de mes services était réduit sous forme d'aide à une œuvre humanitaire, à une région en proie à de graves problèmes de chômage, à une industrie victime de restructuration majeure.

Le marginal qui sommeille en vous !

Ce que je viens de vous raconter est l'histoire du coup de pied qui m'a poussé à remettre ma vie en question, à revoir mes valeurs, à interroger ma conception des choses et de moi-même.

Dans chaque crise sommeillent des solutions, des possibilités. Et ce que j'ai compris de plus profond, dans cette période noire de ma vie, c'est que le sentiment de la possibilité, le sentiment de votre *possibilité* passe d'abord par une redécouverte de vous-même.

La façon dont je suis sorti de ma crise peut ressembler à un coup de folie, un coup de tête. En réalité, c'est le sentiment irrationnel de l'homme que je suis et de l'homme que je peux devenir.

Et quand ce sentiment est ressenti intensément, il demande naturellement à s'EXPRIMER !

Or, comment l'exprimer si on cherche au contraire à le refouler ? Si on cherche à se refouler soi-même, ne misant pas sur ce qu'on a d'unique, d'irremplaçable ?

C'est la grande question de ce chapitre et c'est à vous d'y répondre.

L'écrivain André Gide concluait un de ses ouvrages par ce conseil merveilleux :

« Jette mon livre, écrivait-il ; *dis-toi bien que ce n'est là qu'une des mille postures possibles en face de la vie. Cherche la tienne. Ce qu'un autre aurait fait aussi bien que toi, ne le fais pas. Ce qu'un autre aurait dit aussi bien que toi, ne le dis pas. Aussi bien écrit que toi, ne l'écris pas. Ne t'attache en toi qu'à ce que tu sens qui n'est nulle part ailleurs qu'en toi-même, et crée de toi, impatiemment ou patiemment, le plus irremplaçable des êtres. »*

151

Ne voyez-vous pas dans ce passage splendide la définition même de la marginalité ?

Vous me direz peut-être, à l'exemple de beaucoup de gens : « C'est un bel idéal. Mais le monde dans lequel on vit ne s'oppose-t-il pas à cet idéal ? Les marginaux ne sont-ils pas rejetés de la société ? »

Au début, la société a tendance à rejeter ceux qui ne se conforment pas à ses règles de conduite, à ses coutumes ! Mais rapidement elle admire ceux qui ont choisi de se définir comme marginaux quand cette marginalité a comme base le bonheur humain.

C'est bien plutôt la peur du rejet qui amène souvent les gens à devenir conformistes, à mettre la responsabilité de leur devenir entre les mains des autres, à refouler ce qu'ils sont vraiment à travers la vie sociale et même... la vie privée !

Et c'est encore cette peur du rejet qui, en devenant trop intense, finit par renverser la vapeur et transformer certaines personnes en marginaux dangereux. La peur se change alors en révolte et la société répond automatiquement par le rejet.

Vous ne trouvez pas ce phénomène absurde ?

Avez-vous déjà connu ce genre de cercle vicieux ? Voulez-vous encore tomber dans le piège ?

La vérité c'est que vous êtes libre de vous définir. Vous êtes libre de choisir, en tant qu'être humain, entre ces deux solutions : mener une vie qui vous reflète dans ce que vous avez de meilleur ou mener une vie dont vous n'êtes pas vraiment responsable.

Vous pourriez poser la question crûment : se perdre ou se retrouver ?

Entre ces deux possibilités, laquelle choisissez-vous ?

N'y aurait-il pas un meilleur endroit pour se définir que dans les messages publicitaires ? Pourtant ! Regardez les publicités à la télévision ou voyez-les dans les journaux et vous constaterez combien elles sont stéréotypées. C'est la Peur! C'est d'ailleurs ce que dénonçait avec violence Jean-Claude Lord dans un article d'*Info Presse* de janvier 1992 sous le titre : « Les Pissous ». Il y dénonçait la peur castratrice, prédominante en publicité. « Tout le monde la nourrit, l'entretien, la chouchoute ».

Et cette peur, elle n'est pas seulement omniprésente dans les messages publicitaires, les conformant à des normes qui semblent toujours inviolables jusqu'au jour où le marginal apparaît et la *Brasserie Labatt* fait apparaître un Olivier Guimond qui vante à une société les mérites *de celui qui connaît çà*, elle est partout dans la société. M. Hervé Sériex, président d'*Euréquip* France, rappelait aux participants de l'Association des professionnels en ressources humaines du Québec qu'il faut un virage dans les systèmes de gestion modernes. Il s'impose de nos jours une réhabilitation de la personne dans l'entreprise, des systèmes de gestion souples, valorisants, ouverts, la recherche de la qualité totale.

André Gareau, consultant, lançait ce cri aux super-performants. « Prenez le temps de vivre, sinon vous allez péter! » Dans le journal *Les Affaires* du 17 novembre 1990, il disait : « Aussi longtemps qu'on ne remplacera pas tous nos organes par du Teflon et que l'on ne remplacera pas nos neurones et notre cerveau par des circuits électroniques, on aura toujours besoin de tendresse, de passion et de fierté personnelle. » En fait, on aura toujours besoin d'être traité comme un humain unique.

Et nous, revenons à la question posée plus haut : Se perdre ou se retrouver ? Devenir le marginal qui peut à l'occasion déranger ou le conformiste qui obéit sans oser être lui-même !

Vous voulez rencontrer un marginal qui, lui, a choisi de se retrouver et l'a fait durant toute une vie : Voici M. René Dumont, celui que l'on surnomme l'« Agronome de la faim ». Il a su depuis soixante ans dénoncer les

153

erreurs commises par l'Occident, de plus en plus imbu de lui-même, aux dépens des autres sur la planète et même au détriment de la planète elle-même. C'est lui qui a osé dire aux Africains qu'il était plus urgent d'apprendre à labourer que d'apprendre le théâtre de Racine. C'est lui qui a osé dire aux institutions de France que l'école sans travail, c'est l'intelligence mutilée. C'est lui qui a osé dire aux hommes d'affaires que le gaspillage est la base indispensable à l'économie de profit, que le capitalisme conditionne au gaspillage, que le gaspillage crée la misère. Enfin, il a osé crier à notre univers luxueux que pendant que les petits meurent en silence, les gros ne cessent de se gaver.

Il a fallu qu'il soit capable de vaincre sa peur pour oser dire ce qu'il ressentait au plus profond de lui-même.

La clef de la motivation

Les gens me considèrent depuis des années comme un « motivateur ». On fait appel à mes services pour motiver des auditoires découragés ou, du moins, anxieux au sujet de tout.

Mais, en réalité, je ne suis pas là pour motiver qui que ce soit. Je serais impuissant à le faire. Il appartient aux gens de se motiver eux-mêmes.

Ceux qui ont écouté attentivement mes conférences ont dû s'apercevoir, par contre, que je parlais souvent en termes d'*images*.

Mon but est d'amener les gens à prendre conscience de l'*image qu'ils ont d'eux-mêmes*.

Ce n'est pas de la psychothérapie révolutionnaire, mais simplement une affaire de gros bon sens. LA CLEF DE LA MOTIVATION REPOSE DANS CETTE IMAGE QUE VOUS AVEZ DE VOUS-MÊME.

C'est une vérité de La Palice.

Mais les conclusions que certains en tirent sont souvent contradictoires, voire même farfelues.

Sur la base de ce principe, des charlatans font miroiter la lune à qui veut bien les entendre ou veut bien lire leurs soi-disant guides pratiques. «Vous êtes ce que vous pensez être, leur disent-ils. Imaginez-vous dans la peau d'un milliardaire et vous le deviendrez! Imaginez-vous dans la peau d'une star et vous atteindrez ce but!...» Mais alors, tous nous serions millionnaires ou vedettes, s'il ne fallait que se le dire. Il y aurait des milliers de Pierre Péladeau, des milliers de Céline Dion.

C'est de l'exploitation pure et simple et, bien que ce jeu puisse à la rigueur nous amuser, il comporte des dangers. La motivation qu'il engendre ne dure qu'un temps. Après quoi, elle retombe à plat et cède la place à un sentiment de frustration néfaste à notre équilibre.

La question n'est pas de viser haut, ni même de viser bas, *mais de viser juste, d'être franc envers soi-même.*

Et c'est au fond bien plus difficile et cela, en grande partie à cause d'un réflexe bien ancré : le réflexe de toujours considérer la franchise en fonction de nos défauts, mais jamais en fonction de nos *qualités*.

Seriez-vous capable, à l'instant même, de noter dix de vos défauts?

Bravo!

Seriez-vous capable, maintenant, d'écrire dix de vos qualités?

Dans les séminaires de développement personnel auxquels je participe, la plupart des gens bloquent à la troisième qualité. Quant aux deux premières, beaucoup la copient sur la feuille de leur voisin en écrivant : «honnête» et «travailleur»!

Les hommes écrivent parfois : «je suis mâle». Et je leur lance : «Mais ce n'est pas une qualité, c'est l'équipement standard!»

155

La pire chose à leur demander c'est d'être franc envers eux-mêmes, de se regarder tels qu'ils sont dans un esprit de franchise. Aussitôt, ils prennent cela comme un appel à l'auto-persécution !

Être franc avec soi-même, dans l'esprit de beaucoup, équivaut à s'abaisser, à se dénigrer, voire même à confesser des fautes !

Ce n'est pas de la franchise, mais du masochisme !

Et cela en dit déjà long sur l'*image* qu'on se fait de soi-même...

Elle est nécessairement *fausse*.

Ou, plus exactement, elle est *faussée par notre attitude*.

Revenez aux dix défauts que vous avez écrits, relisez-les avec du recul : quelle attitude reflètent-ils ?

At-titudes versus ap-titudes

Les psychologues feraient un immense bien à ceux qui viennent les visiter en quête d'un soutien, et les orienteurs d'école feraient des merveilles avec les enfants, s'ils parvenaient vraiment à leur faire comprendre une différence essentielle : la différence entre les *at-titudes* et les *ap-titudes*.

Oui, on peut se faire de soi l'image qu'on désire, aussi farfelue qu'elle puisse sembler.

Oui, on peut adopter vis-à-vis de soi-même *toutes les attitudes possibles*, allant du mépris jusqu'au respect.

Non, on ne peut pas en faire autant avec nos *aptitudes*.

Elles représentent le bagage de capacités que vous possédez. Vous pouvez les perfectionner, les épanouir, les exprimer de différentes manières, mais vous ne pouvez pas les changer, ni les forcer au-delà de leurs propres limites. Vous aurez beau vous dire et vous redire que vous deviendrez un jour un très grand pianiste, mais si vous avez les doigts trop courts et une déficience auditive trop aiguë, vous courez tout droit vers une déception.

Le même sort vous attendra, par exemple, si vous persistez à vous voir danseuse étoile de grands ballets, alors que votre coordination motrice est trop mauvaise.

Qu'on le veuille ou non, on a les aptitudes que l'on a.

Mais encore faut-il en avoir une bonne idée, une bonne *intuition*.

À quoi pensez-vous quand il s'agit de votre propre personne ? Quel sentiment éprouvez-vous face à vous-même ?

C'est là que les attitudes peuvent devenir votre pire ennemi ou l'instrument qui sera à même de vous *épanouir*.

La Philosophie

On a souvent ignoré la philosophie qui permet de penser de façon critique, la philosophie qui permet de juger si les différents éléments invoqués lors d'une discussion sont véritables, appuyés par des preuves tangibles, voire irré-futables, ou s'ils ne sont pas en fait que des expressions d'opinions, de rumeurs, de préjudices. Cette science permet de découvrir les faux arguments, de percer les sous-entendus, de saisir les points pris pour acquis mais rarement exprimés. Comme le disait un jour M. Frank Cunningham, de l'université de Toronto : « la philosophie s'adresse aux idées qui sous-tendent les débats et qui enseignent à penser. » Peu d'écoles, de cours s'intéressent à développer cette capacité.

Et cela encore moins en ce qui a trait à soi-même. En sachant penser de façon critique, chacun de nous pourrait s'analyser efficacement, distinguant entre ses talents, ses aptitudes et ses préjugés, ses attitudes. Chacun pourrait alors découvrir comme il est grand.

« Moi » INCORPORÉ

Les gens ne se rendent généralement pas compte des incroyables possibilités qu'ils ont en tant qu'être humain.

Quelle attitude peut adopter un animal dans sa vie d'animal ? Manger, boire, dormir, s'accoupler représentent grosso modo l'attirail de possibilités que la nature lui offre. Les animaux sont tellement limités à cet égard qu'on peut même se demander s'il est permis de parler d'« attitudes », alors qu'il s'agit surtout de « contraintes ».

En revanche, les philosophes, les religieux, les scientifiques n'auront peut-être jamais résolu ce mystère : l'humain a fait éclater son champ de possibilités. Le monde humain est un monde de choix. Placé devant la contrainte, l'être humain a plusieurs choix : ou bien il l'accepte, ou bien il bloque, ou bien il entreprend de la surmonter. Placé devant la réalité en général, il a encore le choix de réagir en pessimiste ou en optimiste.

À la différence de l'animal, l'être humain est en réflexion face à lui-même. Sa vie n'est pas définie à l'avance. C'est à lui de la définir, à lui de choisir l'attitude qui lui permettra de s'épanouir !

Pour employer une image, je dirais que nous sommes semblables à des entreprises. Nous sommes vis-à-vis de nous-même des bailleurs de fonds et nous avons besoin d'être convaincus de faire une « bonne affaire » pour y investir, non pas de l'argent, mais de l'*énergie*.

Voudriez-vous investir dans une entreprise dont la devise serait : «Je suis né pour un petit pain », ou «Je ne vaux rien », «Je suis trop âgé », «Je n'ai pas de chance », «Je ne suis pas responsable de ceci ou de cela », «Ce n'est pas de ma faute », «On est comme on est », ou encore «Je ne sais jamais ce que je veux » ?

On demanda à un ancien joueur de hockey de raconter sa nouvelle carrière comme employé d'un grand hôtel, une branche somme toute assez passionnante. Mais il se bornait à répéter : « Vous savez, je n'ai pas à me plaindre ici. Je suis bien traité. Les gens sont corrects avec moi... » et ainsi de suite ! Donnez la parole à des chevaux et vous entendrez exactement la même chose !

Voyez les gens dans un ascenseur. Aux États-Unis, j'ai souvent remarqué que les gens entassés, en se regardant de près, se parlaient : *« Hi ! Nice day today ! They say it is going to be sunny all day ! »* On parle ! Au Québec, entassés comme des sardines, personne ne dit un mot. On surveille les numéros sur le tableau indicateur de peur de manquer le 7e étage. Pourtant, il n'y a aucun danger de le rater : un ascenseur ne va pas de travers. Serait-ce la crainte de s'affirmer ? Si on manque le 7e en montant on le retrouvera toujours en redescendant. Et encore une fois la question : voulez-vous investir dans une attitude aussi défaitiste ?

Voudriez-vous investir dans cette attitude ?

Les « bons perdants »

À mon avis, la pire attitude que peut adopter quelqu'un, c'est de considérer l'humain comme un être pauvre, dénué de possibilités et de vivre dans la soumission. Et qui plus est, de se considérer de ce nombre !

Mais la soumission à qui ? La soumission à quoi ?

Personnellement, j'écris toujours le mot agressivité avec deux « G » : AG-GRESSIVITÉ, pour faire plus AGGRESSIF ! Pas dans le sens d'agressif vis-à-vis d'autrui ! Mais agressif vis-à-vis de soi !

Il y a quelque années, les yogourts Delisle avaient lancé une campagne publicitaire que je trouvais savoureuse. Des petits enfants se faisaient chiper leur yogourt par un personnage invisible à l'écran et lui montraient le

159

poing en disant : « Rends-le moi, sinon tu vas y goûter ! » Quel slogan plein d'affirmation !

N'était-ce pas la meilleure attitude à adopter dans les circonstances ? À supposer qu'on vous chipe votre voiture au coin de la rue, n'auriez-vous pas envie de réagir en montrant le poing ?

Mais ce fut bientôt au tour des parents de montrer le poing à la compagnie Delisle. On était indigné par le côté « agressif » du commercial, on craignait des « conséquences malheureuses sur la mentalité des enfants ». On leur enseignait la violence ! Il fallait bannir cette publicité.

On aurait voulu au contraire que l'enfant regarde le petit voleur et dise : « Tu le veux mon yogourt ? Prends-le ! On ne va pas se bagarrer pour un yogourt ! D'ailleurs, je ne l'aime pas aux fraises ! » Combien on a peur de prendre sa place au soleil ! Non pas la place de l'autre, mais la sienne propre !

Durant plus de vingt ans, j'ai sillonné le Québec et le Canada et même le monde, répétant à qui voulait l'entendre qu'il faut éviter de trop insister sur la politesse. On est souvent tellement poli que lorsque quelqu'un nous pile sur un pied, on dit : « Excuse ! ... J'avais mon pied en dessous du tien ! » On semble incapable de rétorquer : « Attention ! Tu m'écrases le pied ! Ici, c'est ma place ! Il faudrait que tu fasses la tienne ailleurs ! »

C'est un joueur de football célèbre aux États-Unis, M. Fran Tarkenton, qui disait : « Montre-moi quelqu'un qui perd avec un sourire et je te montrerai quelqu'un qui perd régulièrement. » Et dire qu'on a enseigné à nos jeunes à perdre avec un sourire, à être de bons perdants.

À l'opposé des yogourts Delisle, on a vu apparaître il y a quelques années sur nos écrans une publicité débilitante qui a dû plaire à ces mêmes parents !

Un petit garçon revient tout penaud à la maison. Il vient de perdre un match de hockey. La déception est terrible! Sa mère est désolée. Elle le regarde d'un air apitoyé et le réconforte : « Ce n'est pas grave, lui dit-elle, l'important c'est que tu ai fait de ton mieux. » Et comme pour étayer ses propos, elle lui tend une bonne tasse de chocolat chaud. « Bois ton chocolat chaud ! », dit-elle. Un sourire imbécile illumine le visage du garçon et le voilà qui savoure le chocolat pour se consoler !

Croyez-vous que ce genre de message apitoyé soit de nature à épanouir nos enfants, à leur donner envie de s'affirmer, de s'engager dans la vie ?

Et nous-même ? On ne sauvera pas l'univers à coups de chocolats chauds.

On ne réglera pas les problèmes du monde, du Tiers-Monde à coups de chocolats chauds, c'est-à-dire à coups de subventions, de prêts sans intérêt non remboursables. Comme l'a si bien fait remarquer ce marginal dont on parlait précédemment, M. René Dumont : « S'il y a encore une chance pour que les trois quarts du monde s'en sortent avant qu'ils n'engloutissent le reste de l'humanité, c'est dans l'investissement humain qu'elle réside, pas dans les devises d'exportation ou le miracle des échanges commerciaux... Bref s'il y a un pouvoir à rétablir, c'est celui de l'homme sur ses propres besoins ! »

Et si dans un pays comme le nôtre, on continue à distribuer « les chocolats chauds », cela ne fera pas des enfants forts, capables de prendre les choses en mains et même de vivre. Car seuls les obstacles, et même les obstacles les plus ardus, non les chocolats chauds, donnent le goût de vivre. La facilité n'a jamais rien créé.

Une image fidèle de soi-même... et de la vie !

En effet, il ne faudra pas oublier que se faire une image fidèle de soi-même, c'est aussi se faire une image fidèle de la vie.

Dans la vie, il n'y a pas de chocolat chaud et j'en sais quelque chose !

La « philosophie du chocolat chaud » est encore une illusion de sécurité. Perdre, tomber bas, connaître la faillite personnelle, commerciale ou autre, sont autant de choses que l'on ressent avec douleur, bien sûr !

Mais pourquoi ressentons-nous cette douleur intime sinon justement parce que la situation nous déplaît et qu'une voix au fond de nous est en train de nous dire : « Fonce ! réagis ! »

Calmer la douleur, l'arroser d'une bonne tasse de chocolat chaud, c'est faire en sorte d'étouffer cette voix !

Le vrai, le parfait « chocolat chaud » n'existe pas. C'est un piège.

Les lions et les gazelles

Les animaux en savent quelque chose: ils ne connaissent pas les chocolats chauds. Lors de ce voyage d'aventure au Kenya dont j'ai précédemment parlé, je me souviens d'avoir vu des gazelles, des troupeaux de trois cents à quatre cents gazelles. Et Dieu sait si cela court vite une gazelle, surtout quand un lion court après ! On dit que le lion n'attrape que deux gazelles sur dix essais : une faible moyenne au bâton de deux cents. Pourquoi ? Parce que la gazelle fait quelque chose que le lion ne peut prévoir : en courant à l'approche du lion, elle saute de trois à quatre pieds et, en sautant elle tourne à quatre-vingt-dix degrés : c'est là qu'elle trompe le lion ! Lui ne s'attend pas à ce saut de côté et poursuit sa course pour s'arrêter plus loin et se demander : « Mais où est la gazelle ? » Et la gazelle est beaucoup plus loin.

J'ai vu un lion courir pendant quelques minutes puis revenir à son point de départ, trempé comme s'il était passé sous la douche, mais sans gazelle. Mais il n'a pas de chocolat chaud non plus ! Il n'a en tête qu'une chose :

se chercher une autre gazelle! Jamais un lion, au lieu d'aller à la chasse ne, téléphone au gouvernement:

– Vous ne pourriez pas nous fournir des gazelles plus faciles à attraper, des petites qui n'ont pas peur? Ou encore mieux: les grosses gazelles, pourriez-vous les attacher?

– Ça n'existe pas, lui répond le fonctionnaire.

– Mais vous pourriez au moins nous envoyer des gars en camion pour les attraper à notre place?

– On va faire une étude à ce sujet.

Découragé, le lion téléphone à son assureur:

– Vous n'avez pas la clause de refoulement de gazelles?

– Il faudra prendre une assurance-gazelles, lui répond l'assureur.

– Ça va être long? C'est que je commence à avoir très faim!

Le temps passe. Le gouvernement fait des études. L'assureur a vendu ses assurances au lion, mais toujours pas de gazelle!

C'est une tragi-comédie absurde, pensez-vous? Mais elle reflète exactement l'attitude d'une majorité de Canadiens face à la vie!

À Sault-Sainte-Marie, à l'annonce de la fermeture possible de l'usine d'Algoma Steel, qu'ont fait les quelques milliers d'ouvriers menacés? Ils ont frappé à la porte des gouvernements fédéral et provincial en demandant une prise en charge. Cela ne ressemble-t-il pas à des chocolats chauds?

La douleur provoquée par un besoin, quel qu'il soit, demande à être soulagée *naturellement par une action vigoureuse.*

Quand un besoin se fait sentir, il est de votre responsabilité de le satisfaire ! Quitte à lutter, à devoir agir avec énergie !

Et c'est ce sens vital de l'action, ce sens profond de la responsabilité que l'attitude du « chocolat chaud » est en train de compromettre.

L'agressivité ou, si vous préférez, l'affirmation dans la vie, mesure le respect et l'amour que vous avez à l'égard de vous-même !

Personnellement, je préfère le café au chocolat. Je préfère m' « énerver » face à la vie plutôt que de vivre sous anesthésie.

Que diriez-vous d'une bonne tasse de café ultra-fort ?

S'en-thou-siasmer pour soi-même !

C'est fou comme, avec le temps, le vrai sens des mots finit par se perdre. Par exemple, quand on parle d'*enthousiasme*, beaucoup de gens se figurent aussitôt une sorte d'excitation innocente ou, pire encore, une expression de joie puérile.

On laisse cela aux enfants.

De leur côté, les adultes s'efforcent de garder la tête froide. Plus on avance en âge et plus le scepticisme, la réserve, l'attitude mitigée semblent bien vus.

En 1978, alors que je donnais ma conférence *Réussir au Québec, pourquoi pas ?* à la Place des Arts de Montréal, un inspecteur de la Ville avait même tenté de me faire payer la défunte taxe d'amusement de 10 % sous prétexte que, selon lui, je n'avais pas le droit d'appeler « conférence » un numéro de *stand-up comic* où les gens riaient plus de vingt fois.

Un conférencier, par définition, devait rester sérieux. Il devait ennuyer les gens, les endormir avec des phrases monotones.

Si j'avais le malheur de me montrer trop enthousiaste, je devenais taxable !

Combien de fois ai-je entendu des amis me dire : « Il ne faut pas trop s'enthousiasmer sinon on risque d'être déçu » ?

C'est un véritable cliché aujourd'hui. Avec le résultat qu'on finit par ne plus s'enthousiasmer, pour quoi que ce soit.

On préfère plutôt demeurer soi-disant « réaliste », mais on semble ignorer que le réalisme consiste à voir la réalité telle qu'elle est et non seulement sous ses mauvais aspects.

Nous avons négligé l'importance du facteur EN-THOU-SIASME au profit d'une vision rationnelle des choses. Nous attendons de voir surgir des raisons « valables » de nous enthousiasmer *alors que, ces raisons, c'est à nous de les provoquer.*

Cette attitude des gens d'aujourd'hui me rend perplexe et me fait un peu sourire quand je songe au sens que nos ancêtres donnaient au mot EN-THOU-SIASME et qui voulait dire tout simplement : AVOIR DIEU EN SOI.

Peu importe que l'on soit croyant ou non, cette merveilleuse définition conserve tout son sens. Le véritable enthousiasme ne dépend pas de ce qui vous arrive ni d'aucune raison extérieure, mais du pouvoir que vous avez de susciter des choses, de les provoquer. De la passion que vous avez en vous-même.

C'EST UNE AFFIRMATION DE SOI !

S'aimer d'abord, raisonner ensuite !

« Affirmation de soi », « Attitudes positives », « Image fidèle de soi-même », tout cela est très beau, me direz-vous. Mais que peut-on faire quand les circonstances de la vie semblent jouer contre nous? Quand on a vécu une existence guère propice à l'amour de soi?

Après tout, diront certains, la donnée première de ce bel idéal c'est bien cet amour qu'on se porte à soi-même. Or, qu'arrive-t-il quand on ne trouve pas de raisons suffisantes de s'aimer? Tout ne risque-t-il pas de s'écrouler comme un château de cartes?

Oui, sans l'ombre d'un doute, comme un château de cartes. Car, vu sous cet angle, *c'est* un château de cartes.

L'amour, l'amour de l'autre comme l'amour de soi, peut puiser des prétextes dans de quelconques raisons. Mais l'amour véritable ne saurait reposer sur quelque raison que ce soit.

Vous est-il déjà arrivé d'aimer quelqu'un ou quelque chose par la vertu de la raison?

Vous pouvez bien sûr raisonner sur tout ce qui vous chante et même sur les raisons qui vous poussent à aimer.

Raisonner peut même s'avérer utile et peut vous aider à regagner une certaine confiance. Oui, tant que vous en faites un usage constructif afin de revenir à de meilleurs états d'âmes.

Mais si vous en faites un usage obsessionnel dans le but par exemple de faire toute la vérité sur vous-même, de vous disséquer complètement, vous ne parviendrez qu'à vous enfoncer dans le doute. Car ce but est inaccessible. Et plus important encore: *il vient en contradiction avec le principe même de l'amour. Le principe de l'amour qui naît d'un sentiment... irrationnel!*

S'aimer pour des raisons objectives, c'est brancher l'amour sur une source qui n'est pas la sienne, la tête, et le débrancher par le fait même de sa véritable source, le *cœur.*

Si vous êtes comme le commun des mortels, vous trouverez, j'en suis sûr, autant de raisons de vous aimer que de raisons de vous haïr.

Pourquoi ne pas commencer alors tous vos raisonnements par cette prémisse[1] : «JE M'AIME»?

L'astronaute qui avait le mal de l'air!

L'officier Marc Garneau souffrait du mal de l'air. Il travaillait dans la marine canadienne. Un jour, il apprit que le gouvernement cherchait un Canadien pour l'envoyer à la N.A.S.A. participer à des vols de navette spatiale.

Des milliers d'autres Canadiens, armés de diplômes prestigieux, avaient déjà posé leur candidature. Comment Marc Garneau pouvait-il espérer réussir, lui, un marin souffrant du mal de l'air!

Il tenta le coup sans se poser la question. Peu après, on l'appela pour lui dire : «Ça tombe bien! On avait justement besoin d'un gars pour étudier le mal de l'air!»

Sa nomination étonna la presse québécoise.

Elle était contraire à toute logique.

Mais ce qui allait davantage à l'encontre de la logique, c'était la folie de croire un seul instant que sa candidature serait retenue.

Marc Garneau ne s'était pas embarrassé de raisonnement.

Il avait foncé sachant fort bien qu'il n'avait rien à perdre.

Qu'auriez-vous fait à sa place?

Auriez-vous commencé par raisonner, ou par écouter votre cœur?

---

[1] La prémisse est la base de tout raisonnement.

Le projet que chacun de nous caresse au plus profond de son être, pourquoi ne l'avons-nous jamais réalisé? On raisonne mais on ne commence jamais! Souvent, alors que j'étais à la tête de ma petite entreprise et que tout allait bien, les gens me disaient: «Tu sais Jean-Marc, moi aussi j'avais pensé à une entreprise de ce genre, et cela bien avant toi. » Je leur répondais: «Vous avez raison! Ce n'était pas une idée toute neuve! La seule différence entre vous et moi: c'est que vous, vous y pensez encore, moi je l'ai fait. » N'est-ce pas la même chose entre M. Landry de Rimouski et M. Bombardier de Valcourt? La seule différence entre les deux, c'est que M. Bombardier l'a fait. Il n'était peut-être pas le premier, mais il l'a fait. L'autre y avait-il seulement pensé?

Savoir se vendre !

Ceux qui me connaissent savent à quel point j'aime la vente et les vendeurs.

J'ai écrit tout un bouquin sur la question[2]. Et l'une des idées centrales de ce livre, c'est que la vente fait partie de la vie de tous les jours. Elle fait partie prenante de nos relations avec les autres, peu importe que vous soyez «vendeur» ou non. On vend toujours quelque chose à autrui sous la forme d'idées, d'opinions, de sentiments.

L'intérêt que vous mettez dans vos relations avec autrui en dit long sur vos talents de vendeur ou sur l'effort que vous devriez faire pour développer ce potentiel que nous avons tous.

Il en dit long aussi sur l'enthousiasme que vous éprouvez face à vous-même. L'enthousiasme est une chose contagieuse, un sentiment qui se transfère vite d'une personne à l'autre.

---

[2] *Vivre c'est vendre*, Éditions du Jour.

Combien de gens avez-vous « contagionné » aujourd'hui ?

Dans *La Presse* du 4 mai 1983, je suis tombé sur cette annonce qui m'avait beaucoup frappé.

Montréal, 4 mai 1983

Chers patrons,

J'ai enfin terminé mes études et je me CHER-CHE UN JOB EN PUBLICITÉ (CONCEPTEUR).

J'ai étudié la littérature, le cinéma, les communications, la politique, les mathématiques 103, l'administration et le caractère de mes blondes !

J'ai voyagé, j'ai travaillé sur une ferme, j'ai été annonceur à la radio, guide touristique, employé de Radio-Canada et j'ai même été chômeur !

Téléphonez-moi, je me ferai un plaisir d'aller vous rencontrer.

Je peux vous aider : c'est sûr !

Bien à vous,

J. G. Beauregard
(514) 842-2422

Dans la semaine qui a suivi, des centaines de gens approchèrent ce jeune homme. Et il fut placé devant le problème agréable de choisir la meilleure offre.

L'auriez-vous cru ?

Ce garçon a suivi une idée de départ qui pourrait sembler folle à plusieurs sans emploi : une publicité dans un grand journal !

Mais allez raconter cela aux gens sans emploi et vous aurez quelqu'un qui ira jusqu'à dire que le gouvernement devrait fournir une subvention à la publication de petites annonces pour la recherche d'un emploi.

Cependant, lui, Marc Garneau ne s'est pas embarrassé de raisonnement. Il a suivi la voie du cœur : « Tu commences par t'aimer ! Tu raisonnes ensuite ! »

Vous est-il déjà arrivé d'avoir une bonne impulsion, mais de raisonner au lieu de passer aux actes ? En français, on dit tergiverser ! Pensez aux discussions sur la fédération canadienne ! On raisonne !!! Ou peut-être on résonne !!!

Les « tiroirs à gogosses »

Bien des gens diront : « Oui, mais ce genre de truc ne marche qu'une fois. Et tout le monde n'est pas aussi créatif que ce garçon avec sa publicité ! »

La vérité, c'est que nous sommes tous créatifs, mais que beaucoup ne savent pas le reconnaître. On gâche notre créativité dans des raisonnements bien pensés mais stériles, du genre de celui que vous venez de lire !

Vous est-il déjà arrivé d'entrer dans votre cuisine et de fouiller dans des tiroirs que vous n'aviez pas ouverts depuis longtemps ? Ce qu'on pourrait appeler de véritables « tiroirs à gogosses » ! Vous retrouvez tout à coup une vieille vis, et vous dites : « Ça y est, je vais pouvoir réparer ma vieille lampe », un pot en plastique : « Ça y est, je vais en faire un abreuvoir pour les moineaux », un gros clou : « Ça y est, je vais clouer pépère au mur » !

Ces « tiroirs à gogosses », nous en avons quantité entre les deux oreilles. Vient un temps, malheureusement, où l'on cesse de les remplir, où l'on hésite à les ouvrir. C'est pourtant avec des « gogosses » de ce genre qu'on fait de la *créativité*.

Vous n'avez pas idée du potentiel qu'ils représentent !

Mais vous savez ce qui est terrible ? C'est qu'avec le temps, les gens s'enferment dans des habitudes et se font une vie sans variété, sans nouveauté, routinière. Les « tiroirs à gogosses » se remplissent de moins en moins. Et comme on n'y met plus rien, on se retrouve sans « matériaux » pour créer.

Je connais des gens qui vont chaque année en Floride depuis un quart de siècle. Fort Lauderdale, escale à Miami, retour en février et ça recommence l'année suivante. Ils aiment ça, Fort Lauderdale. Ils ont les journaux du Québec. Il y avait même un Saint-Hubert B.B.Q. !

Mais pourquoi pas l'Afrique, l'Europe. Pourquoi pas ailleurs ? Que peuvent-ils aller chercher d'autre en Floride que du déjà vu ?

Je connais des gens qui vont se confiner strictement à un romancier en particulier et qui ne voudront rien lire d'autre, et même des gens qui vont préférer relire cinq fois un roman plutôt que de se lancer dans la lecture d'un nouveau !

Que vont-ils mettre dans leur « tiroir à gogosses », sinon des choses qui s'y trouvent déjà ?

Mais la peur d'aller vers l'inconnu n'est-ce pas aussi, en un sens, une illusion de sa propre sécurité ? Une peur de s'affirmer ?

George Bernard Shaw disait : « L'homme raisonnable s'adapte au monde. Celui qui n'est pas raisonnable s'entête à essayer d'adapter le monde à lui-même. Par conséquent, tout progrès vient de l'homme déraisonnable. » La raison semble tuer la créativité et, ce faisant empêche l'humain d'aller plus loin. On pense tellement qu'on oublie de vivre, de créer, de s'aimer.

171

Libre après 9 ans de prison...

L'affirmation de soi est, encore une fois, du domaine de l'irrationnel. L'explication, le raisonnement, la logique sont futiles, ou du moins, secondaires en ce domaine!

Il faut s'exciter pour soi-même, s'enthousiasmer, aussi gratuit que puisse paraître cet enthousiasme.

N'est-ce pas exactement ce que je fis au plus noir de ma crise financière?

Je n'ai rien de vraiment exceptionnel à cet égard.

Nous avons tous la force de surmonter une condition qui nous déplaît.

L'histoire du prisonnier Gaétan en est une magnifique illustration.

Gaétan venait de purger une partie de sa sentence et on venait de lui annoncer sa libération conditionnelle.

Libre après 9 ans de prison! Je vous laisse imaginer le mélange de joie et d'angoisse qu'il pouvait ressentir.

Durant cette peine, Gaétan s'était passionné pour l'étude de la mécanique. Il avait dévoré des piles de manuels sur le sujet, il avait même fabriqué un oscilloscope de ses propres mains. Il n'aurait pu s'imaginer ailleurs que dans un garage en train de réparer des voitures ou de concevoir des systèmes compliqués.

La mécanique occupait à elle seule plusieurs de ses « tiroirs à gogosses »... Et vous pouvez m'en croire : il les remplissait continuellement à craquer!

Ensemble, nous avons donc monté un dossier dans cette branche. Je lui ai d'abord demandé :

« Gaétan! C'est beau la mécanique! Mais où veux-tu exercer ce métier?

– N'importe où!, me répondit-il.

– Cela n'existe pas, n'importe où! Il n'y a pas de ville au Québec qui porte ce nom.

– N'importe où ! Sauf la ville où je suis né ! Je ne veux pas retourner vivre dans ce village !

On prit donc une carte géographique et là, il me montra la ville qu'il préférerait entre toutes. Puis on découvrit qu'il y avait là trois concessionnaires d'automobiles !

– Lequel préfères-tu ?, lui demandai-je.

– Ah ! celui-là certainement.

– Comment vas-tu te présenter chez ce concessionnaire ?

– Ah ! je vais remplir une demande d'emploi !

– Mais mon pauvre Gaétan ! Il y aura là une question qui demandera que tu énumères tes emplois précédents ! Il va y avoir un trou de neuf ans. Non Gaétan ! il faut se préparer mieux que ça ! »

Comme au théâtre, nous avons répété une scène typique d'entrevue où je jouais tour à tour le rôle du patron et celui du candidat.

Mais c'est alors que des handicaps sérieux ont commencé à poindre. Gaétan ne savait pas sourire. Son regard était fuyant. Il n'osait jamais vous fixer dans les yeux. Et sur la formule d'emploi, à la case « expériences antérieures », il ne savait rien écrire d'autre qu'un gros vide de neuf ans.

Il avait toutes les difficultés du monde à « bien paraître ».

Tant bien que mal, nous avons essayé de lui redonner bonne contenance.

Le jour dit, nous avons convenu qu'il irait dans la ville choisie pour y louer une chambre d'hôtel et qu'il téléphonerait de sa chambre au gérant du concessionnaire afin de fixer un rendez-vous. Ce qu'il a fait sans négliger aucun des détails prévus.

173

Mais une fois arrivé dans le bureau du gérant, voulez-vous savoir comment ou pourquoi sa mine découragée et son regard hésitant ont tout à coup cédé la place à une étonnante assurance, à un enthousiasme débordant ? On avait tout répété, comme au théâtre.

« Vous êtes chanceux !, a-t-il lancé au gérant étonné. Vous avez devant vous le meilleur mécanicien du pays ! J'ai fait le plus long cours de mécanique jamais vu ! Neuf ans d'études ! Neuf ans sans arrêt dans une école où personne ne fait la grève !

Comme le bonhomme semblait dérouté, il lui tendit sa feuille de libération conditionnelle :

– Et pour le prouver, voici mon diplôme !... Quand est-ce que je commence ? »

Au-delà de tous préjugés, il obtint son poste !

Huit mois plus tard, on le nommait gérant de service. La compagnie d'assurance ayant refusé de lui donner le bon de garantie exigé par la compagnie d'automobiles, c'est le propriétaire du garage lui-même qui s'en porta garant !

Je ne sais pas ce qu'il est advenu de Gaétan aujourd'hui. Peut-être a-t-il poursuivi son ascension ? Peut-être a-t-il fondé une famille ?

Mais son exemple nous éclaire sur l'importance de cet amour que l'on éprouve pour soi-même. Sur l'importance de vos sentiments à l'égard de ce que vous êtes et pouvez devenir.

Oublier !

Le mot « devenir » exprime l'une de mes notions favorites.

Il est d'une importance capitale en matière de développement personnel.

Mais ce qui m'étonne, c'est l'usage que la plupart des gens en font. On dit souvent : « Je suis devenu telle ou telle chose... » et rarement : « Je deviens... » au présent de l'indicatif, comme si le devenir appartenait au passé !

En fait, nombreux sont les gens qui ont tendance à vivre dans le passé, à se replier abusivement sur leurs souvenirs.

De nos jours, on parle beaucoup de la maladie d'Alzheimer dont le symptôme le plus attristant serait justement la perte du souvenir.

Mais il existe aussi un trouble de la mémoire qui consiste, en revanche, *à trop en avoir !* Les personnes atteintes de ce mal, qu'on appelle l'hypermnémonie, sont à ce point assaillies par leurs souvenirs jusque dans les moindres détails, qu'elles en perdent le contrôle et sont en butte à de terribles obsessions.

On raconte qu'un hypermnémoniaque eut la vie gâchée par une simple promenade au cimetière. Sans même le vouloir, il avait retenu tous les noms et les dates de décès gravés sur les tombes. Et ces souvenirs l'ont poursuivi... jusque dans la sienne !

De nombreuses recherches ont été faites à ce jour sur cette étrange faculté qu'est la mémoire. Et l'une des conclusions qui a fait l'unanimité confirme la vieille boutade : *la mémoire est une faculté qui oublie.* On a besoin d'oublier ! L'oubli est vital à notre développement !

N'y a-t-il pas des choses que vous gagneriez à oublier une bonne fois pour toutes ?

Regardez l'enfant qui commence à marcher ! Il se lève, titubant, tombe et se relève. Il se frappe le front sur le coin de la table ! Deux points de suture ! Mais va-t-il pour autant cesser de marcher ! Non ! Il oublie très vite ! Pourquoi ? Il n'a pas de mémoire. Pour lui, toute la vie se résume au moment présent. Il repart de plus belle.

Voici une expérience théorique. Ne la tentez pas ! Mais prenez un enfant d'un an qui se traîne sur le plancher de la cuisine et ouvrez la porte de la cave ! En quelques minutes, le voilà au haut de la porte ; il regarde le trou noir, les marches qui fuient vers le bas. Le voilà qui avance, et v'lan il déboule les escaliers, se frappe le front sur le plancher de ciment. Il hurle de douleur. Affolés, les parents le prennent dans leurs bras, le cajolent, le consolent. Dix minutes plus tard, consolé, replacez-le sur le plancher de la cuisine et ouvrez de nouveau la porte de la cave ! Le même scénario se déroule ! On accourt, console de nouveau et on se dit : « Il va se tuer si cela continue ! Il ne comprend pas, il ne réalise pas son expérience antérieure ! » Mais nous, les adultes, on ne réalise pas qu'il apprend à descendre les marches.

Prenez maintenant un adulte qui, curieux de ce qu'il peut y avoir dans la cave, manque la première marche et aboutit avec fracas sur le plancher de ciment ! Il se réveille assommé et se dit, car il a de la mémoire : « Ceci est trop dangereux ! Un gars peut se tuer ! Il faut être plus attentif. » Et que fait-il ? Au lieu de remonter, il demeure dans la cave : il n'ose plus recommencer, car il se souvient.

« Je me souviens »

Il y a quelques années, les Québécois avaient une belle devise trônant fièrement sur les plaques de leurs voitures. Quand je me promenais aux États-Unis, les Américains me doublaient et passaient la tête hors de la voiture pour s'écrier joyeusement : « Hey ! La Belle Province ! »

Par la suite, nous avons changé cette inscription pour « Je me souviens » et la curieuse formule nous suit encore sur les routes de l'Amérique.

Depuis ce temps, aucun Américain n'a passé la tête hors de sa voiture pour me crier : « Hey ! Je me souviens ! »

Notre devise les aurait-elle rendus perplexes ?

Je reviens souvent à l'exemple de l'automobile pour montrer aux gens l'importance d'oublier, de regarder devant soi davantage que derrière. Les ingénieurs qui ont conçu cet engin n'étaient peut-être pas de grands philosophes, mais ils ont eu ce coup de génie de faire un pare-brise de *six pieds* et un minuscule rétroviseur de *six pouces*. Pourquoi cette disproportion ? Pour la bonne raison qu'il est plus important de savoir où l'on va que de regarder d'où l'on vient !

Sur quoi avez-vous gardé les yeux ces derniers temps : sur le pare-brise ou sur le rétroviseur ?

Sur le passé ? *ou sur le moment présent ?*

La douleur d'être soi-même

Devenir soi-même, avoir le sentiment profond de son identité, ce n'est pas chose facile.

Je remplirais plusieurs volumes comme celui-ci si je devais énumérer tous les facteurs qui peuvent nous écarter de ce but, et tous les attrape-nigauds auxquels on peut succomber dans cette recherche de soi-même.

Mais c'est dans votre attitude devant ces choses que tout se joue.

Vous pourriez décrire la vie comme un cheminement à la rencontre de vous-même et dont la justesse dépendrait du guide que vous avez choisi. Devez-vous écouter la raison, la pensée scientifique, l'opinion des livres savants, l'opinion des autres autour de vous, ou devez-vous apprendre, tout simplement, à écouter votre CŒUR ?

En 1985, ma femme tomba gravement malade. Le cancer du côlon. Les médecins qui l'avaient examinée lui donnaient à peine quelques mois à vivre : 30 % de chances de vivre l'année.

Nous étions sidérés.

177

Tout s'était passé si vite!

Au mois de mai de la même année, elle entra à l'hôpital où l'on devait l'opérer.

Jamais je n'avais été aussi inquiet de toute ma vie! La santé de Céline était devenue ma principale obsession. Je ne pouvais m'empêcher d'y penser un seul instant. Impossible de le traduire en mots précis, mais, pour la première fois de ma vie, j'étais en proie à une peur incontrôlable! Une peur contre laquelle je ne pouvais rien.

Je me suis aperçu alors d'une chose troublante qui m'a beaucoup fait réfléchir: c'est que l'inverse aussi se produisait! J'étais, de son côté, sa principale préoccupation! Couchée sur son lit d'hôpital, Céline se souciait par-dessus tout de savoir dans quel état j'étais, si je mangeais convenablement, si je me reposais, sans vraiment prendre garde à ce qui était en train de lui arriver à elle! Elle pensait à l'autre!

Nous étions comme deux adultes qui s'oubliaient l'un dans l'autre.

La situation était dure à vivre! Surtout que Céline ne semblait pas remonter la pente! Elle se faisait trop de soucis à mon sujet.

Mais une infirmière, dans un geste énergique, replaça les choses à leur juste place. Prenant un jour le bras de ma femme, elle lui demanda de lire le nom inscrit sur le bracelet:

« Cé-li-ne Gra-ton, prononça-t-elle.

– Céline Graton, répéta l'infirmière. Alors ici, tous ensemble, *c'est de Céline Graton qu'on va s'occuper, pas de Jean-Marc Chaput*. Jean-Marc est un grand garçon et il saura très bien se débrouiller seul!... »

La remarque nous avait profondément impressionnés.

La vie continua de mon côté.

Du côté de ma femme, la tumeur fut enlevée et, hors de toute attente, le cancer fut guéri ou, comme le disent les savants, en rémission.

Mais l'histoire montre que, dans notre poursuite vers l'amour de soi, nous sommes parfois tiraillés dans nos rapports avec les autres. Nous sommes plus enclins à chercher l'autre qu'à faire l'effort de se chercher soi-même.

Peut-être refusons-nous parfois d'affronter la douleur et les difficultés de cette recherche intime ? La douleur d'être soi-même au milieu des autres ?

C'est une épreuve à laquelle notre éducation nous a peu préparés. On s'imagine faussement que, pour faire la conquête de soi-même, il nous faudra renoncer aux autres d'une certaine façon, qu'être soi-même risque de nous éloigner du reste de la société, qu'être soi-même c'est égoïste !

Alors qu'au fond, c'est la base d'un véritable rapprochement entre les êtres, comme l'a si bien démontré Khalil Gibran avec ces vers magnifiques :

Emplissez chacun la coupe de l'autre
mais ne buvez pas à une seule coupe
Partagez votre pain
mais ne mangez pas de la même miche
Chantez et dansez ensemble et soyez joyeux
mais demeurez chacun seul
De même que les cordes d'un luth sont seules
cependant qu'elles vibrent de la même harmonie
Donnez vos cœurs
mais non pas à la garde l'un de l'autre
Car seule la main de la Vie
peut contenir vos cœurs
Et tenez-vous ensemble, mais pas trop proches non plus ;
Car les piliers du temple s'érigent à distance
Et le chêne et le cyprès ne croissent pas
dans l'ombre l'un de l'autre

179

Si vous ne saviez pas encore ce qu'est vraiment la marginalité, ce que signifie vraiment le fait d'être marginal, ce poème vous le dira mieux que personne ! C'est être à côté de l'autre, mais avant tout c'est « être » !

À la conquête des sept sommets !

Je vais conclure ce chapitre par une histoire de « fous ».

Avez-vous entendu parler de ces deux marginaux extraordinaires nommés Dick Bass et Frank Wells ?

Dick Bass était entrepreneur. À l'époque de leur rencontre, Frank Wells était président des studios *Warner Bros.* Depuis, il est devenu P.D.G. des studios Walt Disney ! Les deux hommes se croisèrent pour la première fois un beau jour du mois d'août 1981. Ils se reconnurent tout de suite un point en commun : la folie des extravagances, la folie de l'aventure !

Et il n'en fallut pas plus pour qu'un projet complètement farfelu germe dans leur esprit : escalader les sept plus hauts sommets du monde !

Mais le plus farfelu de l'histoire c'est que les deux hommes étaient parfaitement sérieux, malgré leur manque total d'expérience en ce domaine. Ils se donnèrent à partir de ce jour quatre ans pour apprendre l'abc de l'alpinisme ! Et quatre ans plus tard, jour pour jour, après un dur entraînement, les deux hommes se retrouvèrent pour fêter le grand départ avec leurs amis.

L'ascension commença avec l'Aconcagua d'Amérique du Sud. Puis ce fut le mont Everest du Népal, le Kilimandjaro d'Afrique, le Vinson Massif d'Antarctique, le mont McKinley d'Amérique du Nord, l'Elbrous d'Europe et enfin le Kosciusko d'Australie. Des noms évocateurs, mais qui en disent bien peu sur les joies, les terreurs, les angoisses et les moments d'euphorie que les deux hommes ont dû traverser !

De retour au pays, on ne manqua pas de les admirer pour cet exploit hors du commun.

L'encre coula à flots.

Mais on oublia de mentionner le « huitième sommet » que Bass et Wells durent franchir constamment, à chaque ascension de leur long périple, ce « huitième sommet » qui était peut-être, au fond, la raison d'être de tous leurs exploits et que Ross Perot a cernée en quelques mots :

« Dick Bass et Frank Wells ont partagé une grande aventure, écrivait-il dans un livre intitulé Seven Sommets. *Comme César, ils sont venus, ils ont vu et ils ont vaincu. Mais, en réalité, c'est la conquête d'eux-mêmes qu'ils ont réalisée, non celle des montagnes. »*

Comme Bass et Wells, l'amour de soi, le besoin de s'AFFIRMER, de se RÉALISER, peut parfois nous entraîner dans de folles aventures.

Personne ne prétend, toutefois, qu'il soit nécessaire pour cela d'aller gravir des montagnes, d'accomplir des exploits éclatants ou d'aller marcher sur la lune.

Comme le disait si bien Jean-Paul Desbiens à propos de la jeunesse :

« Ce qui importe, c'est qu'un jeune soit conduit, une bonne fois, à l'extrême limite de son territoire. Quand il se sera planté à l'extrême limite de son territoire, il aura étendu à tout jamais ses propres frontières. »

Cette réflexion vaut pour vous, pour moi et pour chacun de nous, sans égard à l'âge ou à la condition.

Personne ne peut se dépasser.
Mais chacun peut aller au bout de soi.

Vous êtes-vous donné la chance que vous méritez ?
Avez-vous exploré vos frontières ?

181

CHAPITRE

6

Aimer l'autre

Un souvenir troublant m'est revenu en mémoire alors que je rassemblais mes notes pour ce chapitre. C'était un soir, au Témiscamingue. Je venais de prononcer une conférence. Tandis que la salle se vidait, un couple d'âge moyen s'est approché de moi pour entamer la conversation. Comme la soirée tirait à sa fin et la conversation aussi, l'homme et la femme m'ont offert d'aller prendre un dernier café au sous-sol de leur maison. Étant déjà fort occupé, je commençai par hésiter. Mais le couple insista tellement que je finis par le suivre.

Arrivés au sous-sol, la conversation se poursuivit un moment sur des banalités.

Puis, soudainement, le silence.

La femme me regarda. L'homme semblait ému.

« Nous avons vécu un drame, dit-elle. Ici même, dans cette pièce.

– ... Il y a quelques années, notre garçon s'est suicidé, en laissant une dernière note sur la table.

Sans dire un mot de plus, elle se leva aussitôt, alla chercher la note et me la tendit.

Tout de suite, mon regard a été attiré au bas de la feuille où j'ai lu ces mots qui m'ont bouleversé :

« Il n'y a plus de place pour moi dans la société... »

Cette phrase m'est revenue souvent à l'esprit par la suite.

Il y a quelque chose dans le suicide qui nous trouble irrésistiblement, comme une sorte de message dont nous avons parfois peur d'assumer les conséquences.

Devant le geste de ce garçon, beaucoup de gens auraient tendance à réagir en *rationalisant* les choses, en disant par exemple : « Il est faux de prétendre qu'il n'y a pas de place pour les jeunes dans notre société. Ce garçon a succombé à un malheureux coup de cafard. C'est une dépression nerveuse qui l'a achevé, il aurait mieux fait de consulter un psychiatre au bon moment... »

Ces réflexions ont sans doute leur part de vérité. Je n'ai pas la compétence nécessaire pour trancher la question. Et je n'ai aucune envie d'énumérer les différentes causes de suicide ; elles peuvent sembler aussi nombreuses qu'il y a de personnes différentes et de vécus différents.

D'ailleurs, ce chapitre ne traite pas du suicide. À chacun d'interpréter le problème en son âme et conscience.

Mais ce qui retient par-dessus tout mon attention et me porte à réfléchir, c'est le message laissé par ce garçon. Un message qui peut prêter à confusion selon que vous le déchiffrez avec la tête ou avec le cœur.

D'un point de vue rationnel, sa petite phrase ressemble en effet à une tragique erreur : s'il avait vécu, il aurait pu trouver sa place parmi nous. Il y a place pour tous et chacun au sein de notre société sans considération d'âge, de statut ou d'origine : à chacun sa place au soleil !

Mais du point de vue des sentiments, on peut se demander si c'était vraiment ce qu'il avait voulu dire, si ce garçon n'était pas plutôt désenchanté par l'impression, justement, de ne pas pouvoir prendre *la place qu'il désirait*.

L'avons-nous aidé à la prendre, l'avons-nous aidé à s'affirmer ? Voilà peut-être au fond la question tragique qui ne reçut pas d'échos et qui précipita son geste. Une question qui devrait faire réfléchir, non seulement les gens confrontés à des personnes suicidaires, mais chacun de nous vis-à-vis des autres.

Car aimer l'autre n'est-ce pas aussi, en un certain sens, lui laisser la place ? Le soutenir dans sa recherche de lui-même ?

N'est-ce pas aussi lui prêter l'oreille, au lieu de constamment chercher à le gaver, comme on le fait trop souvent à l'école, en famille et même au travail ?

N'est-ce pas, enfin, reconnaître en lui *une personne bien distincte*, qui a ses propres expériences à vivre et quelque chose d'unique à apporter ?

N'est-ce pas enfin pour une deuxième fois, une valeur que la société a éliminé de son vocabulaire : la tolérance. Cette tolérance qui permet à l'autre d'être lui-même, sans avoir crainte d'être traité d'étranger, de marginal.

J'ai eu la chance de naître dans une famille bien particulière. Ma mère était de langue anglaise, Écossaise de naissance ; elle comprenait la langue française, mais la parlait difficilement et ne la lisait pas. Mon père, au contraire, ne parlait que la langue française. Mais comme ils dansaient merveilleusement bien ensemble, ils se marièrent, et je naquis de ce couple qui réunissait, comme l'a si bien dit Hugh McLennan, « les deux solitudes ».

Pourtant, aussi loin que je me souvienne, j'entends ma mère me dire en anglais : *« Your father does not think like I do on this. »* Et mon père de dire : « Ta mère et moi ne pensons pas de la même manière sur ce sujet. » Quel respect ! Quelle tolérance ! Laisser l'autre penser comme il l'entendait, et demeurer soi-même.

Dans un grand pays appelé Canada ou un plus petit pays appelé Québec, quelle dose de tolérance pouvons-nous nous offrir ! Accepter les autres pour ce qu'ils sont, et non vouloir les changer. Pourquoi un Haïtien né chez nous mais élevé dans une famille avec les traditions, les valeurs de son pays, devrait courir comme nous le faisons à cœur de jour? Pourquoi faut-il que lui aussi soit toujours pressé? Peut-être que « aimer l'autre » voudrait dire respecter l'autre pour ce qu'il est. Certes, il doit cependant respecter les valeurs propres au pays, les accepter comme celle de tous les gens du pays.

Et Monsieur l'entrepreneur, Monsieur le chef d'entreprise, ceci s'applique même à l'intérieur de l'entreprise! Vous souvenez-vous de mon exemple des restaurants Mac Donald? Voyez-y les enfants tout jeunes se promener avec leur verre de lait ou de boisson gazeuse. Certes les dirigeants de Mac Donald savent bien que ces enfants ont de petites mains qui ne pourront tenir le verre et qu'inévitablement, ils vont le verser sur le plancher! Pourtant, ils ne sont pas partis à la recherche d'enfants d'un an avec de grosses mains. Non! Ils ont plutôt fait des planchers qui « ramassent » le lait. Ils ont pris les enfants d'un an tels qu'ils étaient sans vouloir les refaire. Combien d'entreprises veulent changer leurs clients, les éduquer, changer leurs heures de réception de marchandises, changer leurs modes d'achats?

L'univers veut éduquer l'autre! Mais éduquer, c'est quoi?

Éduquer l'autre ou l'écouter?

Le raisonnement de la plupart des gens est simple : on n'écoute pas les autres parce que les autres ne nous écoutent pas. Voilà tout. La réflexion a un côté enfantin, puéril, elle ramène tout à notre « nombril ». Mais elle est difficile à contourner.

En réalité, nous perpétuons souvent les comportements de nos parents et de nos éducateurs à l'époque où nous étions encore enfants.

Si ceux-ci pouvaient parfois donner l'impression de nous prêter l'oreille, dans la grande majorité des cas, leur principal intérêt était de nous *éduquer*, de nous former. On nous écoutait surtout dans la mesure où c'était utile à notre éducation et on cessait immédiatement de le faire quand nous écouter, nous, les enfants d'alors, risquait de remettre les choses en question.

Vous souvenez-vous de cette période, il y a 25 ans, où nos enfants nous cassaient les oreilles à propos de leurs cheveux longs! Un de mes fils avait décidé d'avoir les cheveux sur les épaules! Je lui avais alors dit que cela ne se faisait pas!

– Pourquoi? avait-il rétorqué.

– Parce que les hommes n'ont pas les cheveux longs!

– Et Louis XIV, il les avait courts? Pas sur les gravures de mon livre d'histoire!

– Et puis, c'est sale!

– Comment sale? Je les lave tous les soirs! Plus souvent que toi papa!

Que dire devant de tels arguments? Mais à y penser, aujourd'hui, était-ce si important? La preuve : de guerre lasse, j'avais capitulé. Ses cheveux sont devenus très longs! Puis deux ans plus tard, il les faisait couper! En racontant l'histoire, je me rends compte combien je n'écoutais pas!

Cependant, nous ressentions, chacun de nous, le besoin profond de nous faire entendre. Et ce besoin devenait si intense que nous avions peut-être tendance à empiéter sur la personne qui daignait enfin nous écouter. Satisfaire notre besoin devenait alors la chose la plus importante à nos yeux. Et nous n'étions donc pas naturellement portés à rendre la pareille.

D'ailleurs, n'avez-vous pas remarqué à maintes occasions que l'inverse était aussi vrai? Que les gens que vous écoutiez de tout cœur ne faisaient souvent preuve d'aucune réceptivité à votre égard?

Cet état de choses a sans doute engendré beaucoup de frustrations.

La question enfantine nous trotte encore dans la tête : « Pourquoi écouterais-je l'autre, alors qu'il ne m'écoute pas ? » Mais le plus contradictoire c'est que, en fouillant un peu, nous pourrions peut-être découvrir que cet autre tient tout à fait le même raisonnement.

Et la courbe se referme pour former un cercle vicieux.

Nous sommes des milliers *à raisonner* ainsi.

Des milliers ?

À l'échelle de la société, nous sommes pourtant les premiers à nous plaindre de la solitude, de l'écart qui se creuse entre les générations, de l'indifférence. Mais nous ne nous demandons pas tout ce que notre raisonnement individuel peut avoir d'absurde.

On prend l'habitude de ne pas écouter ! Pendant des années, nos industries nord-américaines ont ignoré les clients : ils fabriquaient des produits, puis cherchaient à les vendre. Et pas seulement les petites entreprises, les plus grosses. La compagnie Ford a produit, dans les années 60, le modèle « Edsel », une grosse voiture, alors que le marché nord-américain en voulait de plus petites. La compagnie General Motors a produit en série des autos de moins en moins bien construites pour se voir damer le pion par les automobiles japonaises de fabrication plus soignée. On oubliait de demander aux clients ce qu'ils voulaient !

Même la compagnie IBM a dû se rendre à l'évidence : un de ses présidents a dû admettre qu'ils avaient perdu de vue le client. M. John F. Akers a d'ailleurs fait volte-face et veut transformer la compagnie pour qu'elle devienne la première à véritablement satisfaire les besoins de ses clients : Il disait en ces termes à la revue *Fortune* : « *We are going to make IBM the world's champion in meeting the needs of customers.* »

Avez-vous pris la peine d'écouter vos amis, votre famille ou même des inconnus cette semaine? Ou bien attendez-vous toujours que les autres en fassent autant avec vous?

L'indifférence, une peur de la différence

Il peut y avoir plusieurs raisons au fait que vous n'écoutiez pas les gens, des bonnes comme des mauvaises. Votre état physique vous indispose peut-être et vous rend moins réceptif. Votre esprit est accaparé par autre chose et vous n'êtes pas vraiment disponible, etc.

Ou encore l'éducation n'est pas tournée vers l'autre. On évolue dans une société égocentrique où même une compagnie de parfum a trouvé normal que son tout nouveau parfum s'appelle *Égoïste*. Et pour le lancer, on a produit à coups de millions pour la télévision un message publicitaire où un seul mot était prononcé par plusieurs jeunes femmes; ce n'était même pas une phrase, mais un cri «Égoïste»! Est-ce un signe des temps?

Deux événements m'ont beaucoup donné à réfléchir il y a quelques années. Un soir, une jeune femme cadre dans un grand bureau de courtage à New York décide d'aller faire de la course dans Central Park. Il est environ 9 heures 30 quand elle est assaillie par une douzaine de jeunes qui la frappent, la violent et la laissent à demi-consciente sur la pelouse! On put par la suite procéder à l'arrestation de ces douze jeunes. Mais voici le plus surprenant! Alors qu'on aurait dû se trouver en présence de voyous, tout au contraire, tous ces jeunes étaient de familles très unies, tous étudiaient dans des collèges privés. Aucun ne prenait de la drogue! À la question: «Mais qu'est-ce que vous vouliez faire?» Ils ont répondu qu'ils faisaient du «wilding», c'est-à-dire qu'ils agissaient ce soir-là «en sauvages», tout simplement.

Sensiblement à la même époque, un avion de la compagnie US Air s'est abîmé dans la rivière Potomac, en plein cœur de Washington. Parce que l'on était à l'heure du retour du travail, il y eut de tels embouteillages que les équipes de secours durent avoir recours à des hélicoptères. On lançait du haut des airs des ceintures de sauvetage attachées à des câbles et on remontait les blessés que l'on transportait à l'hôpital par la voie des airs. Dans la rivière, dans l'eau glacée jusqu'à la taille, car il neigeait, un homme d'âge mûr aida plus d'une douzaine de passagers, en les attachant bien après les avoir réconfortés. Enfin, on lui lança sa ceinture de sauvetage, mais au lieu de s'y agripper, il glissa sous l'eau et disparut. On le retrouva noyé le lendemain matin. Il avait sauvé la vie des autres et avait perdu la sienne.

Quelle est la différence entre les jeunes qui assaillent, blessent l'autre, et cet homme dans la cinquantaine avancée qui sauve les autres au risque d'y laisser sa vie ? La seule différence, c'est l'âge : les jeunes avaient tous dix-sept ans ou moins et avaient été éduqués dans ce que les Américains appellent « the ME generation » (la génération du moi) ; l'homme qui a sauvé les autres avait été éduqué dans une génération où l'autre, le prochain comme on disait quand j'étais plus jeune, était très important et méritait même qu'on s'oublie pour lui.

C'était la génération de l'écoute de l'autre !

On pourrait alors se faire violence et faire des efforts surhumains pour tendre l'oreille malgré tout. Mais à quoi bon ?

Je n'ai pas écrit ce livre pour proposer des méthodes de relaxation mentale ou des techniques pour devenir plus réceptif. Vous trouverez d'excellents guides sur ce sujet.

Ce qui m'intéresse, c'est notre attitude face à l'écoute, notre attitude face aux autres. On peut être plus ou moins réceptif, c'est compréhensible. Mais pourquoi sommes-nous portés à nous *fermer* aux autres ?

190

L'indifférence est la famine des Nord-Américains, avait remarqué Mère Teresa.

Vous pourriez écrire ce mot avec un trait d'union : *in-différence*.

Chaque fois que vous entrez en relation véritable avec une autre personne, il en ressort toujours quelque chose de *différent*. Bonne ou mauvaise, cette personne exerce sur vous une influence qui modifie votre façon de voir, qui touche vos sentiments et vous amène à penser différemment.

L'*in-différence* serait-elle une crainte ou un refus d'accepter cette différence ?

Je pourrais vous poser la question autrement : n'est-ce pas la peur d'évoluer, de changer, qui pousse à se protéger de l'influence des autres en leur manifestant de l'indifférence ?

On retrouve encore ici cette hantise de la sécurité dont je vous ai souvent parlé tout au long de ce livre. Ce repli sur soi et cette fermeture obstinée aux autres sont en fait le comble de la sécurité ! Il est beaucoup moins risqué, en apparence, de couper le contact avec les autres que d'engager une relation dont l'issue est incertaine.

La majorité des gens ne vont pas jusque là. Ils ne sont pas fermés à ce point, heureusement ! Je ne prétends pas non plus qu'il n'y a pas d'influences mauvaises dont il serait bon de s'écarter. Mais, si on le laisse empiéter sur nos relations avec autrui, ce phénomène d'*in-différence* peut compromettre une chose vitale pour notre évolution et notre bonheur : *l'ouverture d'esprit*.

Voilà l'expression qui fait peur ! Ouverture d'esprit ! En affaires, combien n'ai-je pas l'occasion de dire aux gens de demander aux clients ce qu'ils apprécient beaucoup, moins ou pas du tout ! À des vendeurs, comme ils sont nombreux ceux qui n'écoutent pas le client, qui parlent et qui oublient de demander ce que le client désire !

C'est toujours avec beaucoup de compassion que je me rappelle ce merveilleux vendeur de Québec, M. Jean-Jacques Poirier! Il était devenu le gérant de la plus importante succursale de Sun Life dans le monde, avec plus de soixante représentants. Il avait su atteindre des sommets jusque là inégalés. Tous ses agents avaient un diplôme universitaire : le seul qui n'en avait pas, c'était « *the Great J. J.* » (comme il aimait s'appeler). Il avait terminé ses études en neuvième année. Mais comme il le disait si bien : il avait fait une neuvième forte car il l'avait fait deux fois.

Un jour, je lui demandai : « Jean-Jacques ! Quel est ton plus important atout dans la vente ? »

Sans hésitation, il répondit : « Ce n'est ... pas ... de ma ... faute, mais je bégaie ! Et quand on bégaie, on est forcé d'écouter. » Comme c'était vrai ! On était forcé de parler devant un Jean-Jacques qui écoutait avec une telle attention. Mais ce qui m'a toujours le plus impressionné chez lui c'était cette ouverture d'esprit vis-à-vis des autres. Jean-Jacques lisait chez les autres comme dans un livre ouvert.

Au contraire de Jean-Jacques, ce qu'on ne réalise pas toujours, c'est que notre fermeture aux autres a des effets instantanés : les autres se ferment aussitôt à nous.

En revanche, l'ouverture aux autres a des effets plus lents. Elle doit surmonter des obstacles, créer un état d'esprit favorable chez l'autre personne. C'est parfois long, c'est parfois même pénible, ça finit parfois par un échec. Mais vous y puiserez toujours quelque chose de nouveau qui vous fera grandir !

Le risque d'écouter l'autre, d'accepter l'autre, c'est le risque de vivre en société !

Sommes-nous prêts à accepter ce risque ?

L'indifférence face aux clients

Il y a quelques années, une importante enquête menée aux États-Unis chercha à découvrir pourquoi les clients d'une compagnie ne lui restaient pas fidèles.

Pourquoi la clientèle ne revenait plus ? Les résultats portent à réfléchir :

  1 %   en raison d'un décès ;
  3 %   en raison d'un déménagement ;
  5 %   en raison d'un parent ou ami qui entrait en concurrence ;
  9 %   en raison du prix ;
14 %   en raison d'une plainte mal reçue ;
68 %   *à cause de l'indifférence qu'on leur manifestait !*

Dans les bilans de faillite, vous ne trouverez pourtant jamais le mot *indifférence* entre les colonnes de chiffres. Rares sont les hommes d'affaires qui, au-delà de leurs livres de comptabilité, sont capables de discerner toute l'importance des relations humaines.

D'ailleurs, ces mêmes hommes d'affaires parlent plus volontiers d'éduquer le consommateur, de le conditionner, comme si leur compagnie était la seule à offrir quoi que ce soit et que l'argent du client leur était acquis.

Mes remarques semblent moralistes à plusieurs d'entre eux et peut-être à vous, chers lecteurs, mais d'un point de vue financier, qui peut prétendre sérieusement que l'indifférence est profitable à l'entreprise ?

68 % des clients perdus le sont pour cette raison précise !

N'est-ce pas suffisant pour les faire réagir ?

Et n'est-ce pas suffisant pour *vous* faire réagir, vous qui êtes propriétaire d'une petite PME ?

Une autre enquête a mis le doigt sur un autre point d'indifférence. Elle a été menée par le Bureau des Consommateurs américains (United States Office of Consumers'

Affairs). Elle a révélé que, pour chaque client qui porte plainte, 26 ne le disent jamais à l'entreprise et 23 d'entre eux n'ont aucune intention d'y retourner. Et dire qu'on néglige de s'occuper des plaintes, renvoyant les clients de service en service ! Mais encore pire, les 26 qui ne se sont pas plaints racontent quel mauvais service ils ont dû subir : en fait, 3 d'entre eux le répéteront à chacune de leurs 20 connaissances enjoignant ainsi 60 clients potentiels à ne pas acheter de cette entreprise. Les 23 autres clients non satisfaits le répéteront, eux, à chacun de 10 connaissances, enjoignant à leur tour 230 clients potentiels à ne pas acheter. Avez-vous fait le total du potentiel client ainsi perdu pour une plainte reçue : un total de 317, soit 1 plaignant plus 26 qui ne le disent pas plus 60 plus 230. Et tout cela, par indifférence ; tout cela parce qu'on a oublié de demander au client à son départ du restaurant : «Avez-vous aimé notre soupe ? Était-elle trop salée ? Les épices vous plaisent ?» Avec des questions aussi simples, combien de cuisiniers pourraient améliorer leur cuisine et ainsi ne pas perdre à jamais une clientèle qui ne demandait qu'à revenir bien manger.

Lettre d'un prisonnier à ses parents

Le gros problème aujourd'hui : le manque d'écoute d'autrui.

Voulez-vous apprendre à écouter ? Passez quelques heures accoudé dans un bar et surveillez le barman. Il ne répond que par des « Oui ! Non ! Pas de farce ! » et pendant ce temps, le client raconte sa vie. Pourquoi ? Parce que le garçon écoute.

À mon avis, il devrait y avoir un barman dans chaque famille, dans chaque compagnie, un barman à tous les coins de rue !

On devrait enseigner le métier de barman à partir de la maternelle pour que nos enfants apprennent dès leur plus jeune âge l'art de l'écoute. Et la meilleure méthode d'enseignement en matière d'écoute, c'est encore de prendre soi-même le temps d'écouter !

Malheureusement, beaucoup d'éducateurs, beaucoup de parents, ont peine à le comprendre.

Dans le *Kansas City Star*, j'ai trouvé un jour ce témoignage émouvant d'un prisonnier, sous forme d'une lettre ouverte à ses parents, qui l'avaient invité à revenir chez lui, refaire sa vie, après avoir purgé sa peine.

Chers parents,

Merci pour tout, mais je pars pour Chicago bâtir une vie nouvelle.

Vous vous demandez pourquoi j'ai fait ces choses qui vous ont causé tant de problèmes ; pour moi, la réponse est facile, mais je me demande si vous allez la comprendre. Vous rappelez-vous quand j'étais petit et que je voulais que vous m'écoutiez : vous n'aviez jamais le temps. Oh ! j'étais très heureux avec toutes les belles choses que vous me donniez à Noël et pour ma fête, heureux pour une semaine environ. Mais le reste de l'année, je ne voulais pas de cadeaux, je voulais toute votre attention pour que vous m'écoutiez comme une personne qui ressent quelque chose. Mais vous étiez toujours trop occupés.

Maman, tu étais un merveilleux cordon-bleu et tu voulais tellement garder les choses bien propres et bien rangées à la maison que ça te rendait toujours trop fatiguée. Mais veux-tu savoir, j'aurais préféré des rôties et du beurre d'arachides si tu t'étais assise avec moi et m'avais dit : « viens, raconte un peu pour voir, et peut-être que je pourrai t'aider à comprendre. ».

Et quand ma sœur Louise est venue au monde, je ne pouvais comprendre pourquoi les gens faisaient tant d'éclats à son sujet. Je savais que ce n'était pas

---

195

de sa faute si ses cheveux étaient si frisés, ses dents si blanches et qu'elle n'était pas obligée de porter des lunettes avec des verres si épais. Ses notes étaient meilleures que les miennes à l'école, n'est-ce pas ? Maman ! Si jamais Louise a des enfants, j'espère que tu lui diras de porter attention à celui qui ne rit pas très souvent, car souvent, ce dernier pleure à l'intérieur ; Dis-lui aussi que quand elle se préparera, comme tu le faisais si bien, à faire cuire six ou sept douzaines de petits gâteaux, de se demander avant si un enfant ne veut pas lui raconter un projet, un rêve... car des enfants, cela pense aussi, même s'ils n'ont pas tous les mots pour le dire.

Si vous, mes parents, m'aviez dit « Excuse ! » en m'interrompant, je serais tombé mort d'étonnement.

Maman, Papa, si jamais quelqu'un vous demande où je suis, dites-lui que je suis parti à la recherche de quelqu'un qui a le temps, car il y a beaucoup de choses dont je voudrais parler.

Avec beaucoup d'amour pour tous,

Votre fils.

Que diriez-vous à ce fils si vous étiez son père ou sa mère ?

Vous sentez-vous suffisamment inspiré pour lui écrire une réponse imaginaire ?

On a pris l'habitude d'entendre mais on ne sait plus écouter. J'ai l'habitude de boire mon café noir, mais à chaque fois que je commande un café noir dans un restaurant, on m'apporte toujours de la crème. Pourquoi ? Parce qu'on n'a pas écouté peut-être ? Si on n'écoute plus la commande, mais qu'on ne fait que l'entendre, comment ne pas afficher la même indifférence dans une famille, comme la lettre du prisonnier en témoigne.

Quand on croit aimer l'autre...

Il n'y a pas de façon idéale d'aimer l'autre. Une relation fondée sur l'amour n'engage pas des créatures parfaites, mais des êtres humains! À partir de là, elle est forcément *imparfaite.*

Mais on aurait tort de penser que la dégradation des rapports provient toujours des imperfections, des défauts de chaque personne en cause. Alors qu'elle provient souvent d'une fausse conception de l'amour, d'une erreur dans la façon d'envisager la relation.

Et cette erreur peut s'enraciner d'autant plus facilement qu'elle est transmise à l'échelle de la société.

Le psychologue Erich Fromm affirme que l'avenir de l'humanité dépendra de la conception qu'on se fait de l'amour entre les êtres, de notre capacité à dépasser les vieux modèles de possession et de domination.

Malheureusement, certaines personnes aujourd'hui sont encore aux prises avec l'une des erreurs les plus enracinées et les plus répandues : CELLE DE S'ARROGER LE DROIT DE CHANGER LA PERSONNE AIMÉE SUIVANT SES DÉSIRS, DE LA MANIPULER DE FAÇON À COMBLER SES PROPRES ATTENTES !

À PARTIR DE CE MOMENT, ON CESSE D'ÉCOUTER L'AUTRE POUR L'ÉDUQUER ET ON BRIME L'AMOUR QUI DEMANDE À S'EXPRIMER LIBREMENT DANS UN SENTIMENT PARTAGÉ !

C'est le cas de ces parents, auxquels André Melançon a consacré son film *Les vrais perdants,* qui voulaient à tout prix transformer leur garçon en «Wayne Gretsky» ou leur fillette en virtuose du piano. La mère imposait une discipline inhumaine à sa fillette, l'obligeant à reprendre indéfiniment ses gammes au piano, usant de chantage affectif pour la détourner de ses vrais désirs. Le garçon voyait son père entrer dans une rage incontrôlable dès qu'une rondelle lui échappait sur la glace !

Ces enfants n'étaient plus que des jouets entre les mains de parents aveugles, mais des «jouets» qui n'étaient pas sans se rendre compte de la situation indigne qu'on leur imposait.

« Et toi ? avait-on demandé à une fillette à la fin de ce documentaire. Que vas-tu faire avec tes enfants quand tu seras grande ?

– Mes enfants ? répondit-elle catégoriquement, je vais leur poser des questions et je vais les laisser *répondre* !...»

Dans sa sagesse d'enfant, cette fillette avait saisi le fondement même de la pédagogie et l'une des premières règles de l'amour d'autrui : le laisser trouver sa réponse !

Pas la vôtre, pas la mienne, pas celle des « experts » en marketing, mais la *sienne*, celle du client !

AIMER L'AUTRE, C'EST LUI LAISSER LA RES-PONSABILITÉ DE SA PROPRE VIE, DE SES PROPRES ASPIRATIONS, DE SES PROPRES DÉSIRS !

Aimer les clients voudrait alors dire l'aider à satisfaire ses besoins, l'aider avec un empressement non intéressé. Pourtant, le contraire se rencontre tous les jours. À force de contrôle financier, on en arrive dans les affaires à la mesquinerie. C'est ainsi que j'ai décidé un samedi, après une conférence dans l'après-midi, de revenir de Winnipeg dans la soirée. Le voyage consistait en un vol direct à Toronto, une escale d'une heure dans cette ville, puis un vol vers Montréal où l'on atterrissait vers minuit trente. Mais l'escale dura deux heures et nous prenions l'avion à minuit trente à Toronto. J'avais faim ; j'aurais mangé la tablette. Comme à l'habitude, cependant, la jeune hôtesse s'avança et, avec gentillesse, me demanda : «Voulez-vous les biscuits ou les arachides ?» Je me demandais à moi-même pourquoi elle me faisait choisir, j'avais tellement faim, elle aurait pu me donner les deux, les biscuits et les arachides. Mais comme il me fallait choisir, j'ai choisi les arachides. Le sac contenait 21 arachides ; trois bouchées et j'avais terminé. J'osai demander un deuxième sachet.

« Quoi ? Deux sacs ! Je vais voir après avoir fait le tour de tous les passagers s'il en reste », me répond la demoiselle. Mon Dieu ! Ont-ils un inventaire permanent sur les sacs d'arachides ? Je lui demande une boisson gazeuse pour étancher ma soif. Je reçois alors un verre avec six glaçons et 20 gouttes de liquide. Comment étancher ma soif avec de la glace ? Ma foi ! Ils servent huit clients avec une canette. Pourtant, le prix du billet était d'environ mille dollars.

Dans tout cet exemple, n'y a-t-il pas un fond de mesquinerie ? Du moins, on ne peut pas dire qu'il y avait beaucoup d'amour. Voyez-vous, on compte davantage le coût des choses que la satisfaction des clients. On tente d'éduquer le client à manger et à boire avant de monter à bord de l'avion.

Educere versus *educare*

Vous souvenez-vous du sens que nos ancêtres latins donnaient au mot responsabilité ? Cela voulait dire : donner sa propre réponse, pas celle des autres.

C'est à croire que les Latins vivaient sur une autre planète quand on voit à quel point les mêmes mots sont galvaudés aujourd'hui !

La Rome antique n'était peut-être pas le paradis terrestre, et je ne choisirais sans doute pas d'y vivre. Mais ce que je trouve étrange, c'est le jeu auquel les hommes modernes se sont adonnés : il consiste à prendre un mot ancien pour lui donner un sens... contraire !

Par exemple, le mot éducation.

La lecture de ce chapitre a pu vous donner l'impression que l'éducation était pour moi une chose contraire à l'amour. Mais le mot latin *educere*, qui est l'ancêtre du mot *éducation*, entre admirablement bien dans une vision ouverte de l'amour !

Les Latins prenaient «educere» dans le sens d'«exducere», non pas de bourrer l'autre de connaissances, non pas de le conditionner à une façon de voir, mais de l'aider à faire sortir ce qu'il possède en lui-même, à sortir de lui-même.

N'est-ce pas une preuve d'amour?

Mais les hommes modernes ont confondu le mot éducation avec un autre mot latin : *educare*, qui veut dire « s'occuper de... », « prendre soin de... », « cajoler... », le mot « *caring* » anglais. Ce qui en soi n'a rien de mal, sinon qu'il manque à cette conception deux notions vitales : *la réalisation et l'affirmation de soi!*

Les adultes ont plus de facilité et sont plus portés à inculquer des leçons à l'enfant qu'à l'aider à s'affirmer, à donner vraiment le meilleur de lui-même.

Et le plus drôle, c'est qu'il en va souvent de même entre nous, les adultes!

Une liberté... sans amour

En lisant ce qui précède, certains parents ont dû bondir : « Donner sa réponse, s'affirmer, c'est bien beau!, diront-ils. Mais on ne peut quand même pas rester les bras croisés et laisser nos enfants à eux-mêmes! »

Peut-être me suis-je mal exprimé?

Je n'ai jamais proposé de « laisser l'enfant à lui-même », ni d'ailleurs de laisser qui que ce soit à lui-même, qu'il soit jeune ou adulte.

Entre le fait d'engager une relation plus ouverte, plus libre avec les autres, et le fait de les laisser aller à un état d'abandon, il y a une marge!

Voilà plusieurs années, aux États-Unis, une poignée de psychologues avait cru fonder une nouvelle race d'enfants sages, heureux et forts, en les élevant dans un milieu où la contrainte et l'effort n'existaient pas.

Personne ne leur disait quoi faire et aucune exigence n'était posée à leur endroit. Ces *non-frustration children*, ainsi qu'on les appelait, pouvaient engueuler leurs éducateurs à loisir et même s'attaquer à eux. Ils pouvaient aussi casser ce que bon leur semblait, à commencer par les vitres de l'institut, sans encourir la plus timide réprimande.

Suivis au-delà de l'âge adulte, ils s'avérèrent instables sur le plan émotif et enclins à de graves dépressions. La plupart échouèrent dans leurs études et tombèrent en état d'abandon.

On avait cru réaliser un acte d'amour à leur endroit, mais on n'a réussi qu'à brimer davantage leur affirmation, qu'à nuire de façon grave à leurs chances de bonheur.

Quelle image croyez-vous que ces enfants se firent du monde adulte ?

Une image de laisser-aller, d'abandon, d'indifférence.

La liberté était là, oui, mais éclairée par aucune trace d'amour véritable. Elle équivalait en fin de compte à du désengagement pur et simple, à une forme d'indifférence.

Ces enfants ne savaient pas quoi faire de cette belle « liberté » qu'on leur offrait sur un plateau d'argent. Et dans le même sens, oserais-je dire, nos jeunes d'aujourd'hui se retrouvent parfois démunis devant toutes les libertés qu'on leur a laissées : celles d'étudier, de disposer de leur vie comme bon leur semble, de profiter de ressources qui nous auraient paru inconcevables au temps de notre jeunesse, de croire que tout est gratuit, que tout leur est dû.

Comment se fait-il que, dans une société en ébullition, tant de ces jeunes se retrouvent dans le cercle vicieux de l'assistance sociale ?

Comment se fait-il que l'Amérique du Nord, « terre de richesses », soit la championne en matière de drogue avec *95 % de la consommation mondiale* ?

La question est très large, je n'en ai pas la réponse complète. Mais n'avons-nous pas cédé à un certain laisser-aller ces dernières années ? N'avons-nous pas laissé une vision arbitraire et immature de la liberté de compromettre notre engagement vis-à-vis de ceux qui nous suivent ?

Dans cette perspective, la liberté n'est plus une liberté, mais un simple vide. Un vide au niveau des valeurs, des lignes de conduite, des émotions et de tout ce qui incite à regarder la vie dans une optique d'espoir et de responsabilité.

La plus belle preuve d'amour que vous pourriez manifester à l'égard d'autrui, c'est de l'aider à combler ce vide, non pas tellement en lui enseignant votre façon de voir, en cherchant à l'éduquer, mais surtout par votre exemple même !

Tom Peters a l'habitude de répéter : les gens ne surveillent pas que vos livres ; ils suivent surtout vos pas. Si nous, les adultes, croyons que tout nous est dû, les jeunes qui nous suivent croiront la même chose. Et alors, tout le monde parlera de ses droits !

Prêcher par l'exemple, c'est encore une des plus belles leçons de la Bible !

L'utopie du grand partage

J'ai pu donner l'impression d'être moraliste à certains passages de ce livre. Après tout, une morale finit toujours par se dégager d'une réflexion, à plus forte raison quand on réfléchit sur l'être humain, ses possibilités, ses côtés ridicules et ses côtés merveilleux.

Mais ce que je vais dire maintenant me fera sans doute passer pour immoral aux yeux de certains.

Le constat rapide que je viens de dresser n'est pas tendre à l'endroit de notre société. Pourtant, ce qui me rend perplexe, c'est de voir qu'à travers tous ces problèmes, une vieille valeur morale a survécu : *le partage*.

Vous allez dire : « C'est merveilleux ! »

Mais cette valeur n'a pas seulement survécu, elle s'est pratiquement *généralisée* au point qu'on peut se demander si le partage n'est pas en train de devenir un obstacle à l'épanouissement de l'individu.

Le petit catéchisme nous a longuement vanté les mérites du partage. Qui n'a pas déjà été sermonné dans son enfance pour avoir refusé de partager avec ses camarades ?

Sans aucun doute possible, le partage est une belle valeur humaine.

Je m'efforce pourtant d'imaginer un monde qui aurait le partage pour fondement premier et ce monde me paraît tout de suite inconcevable.

Le catéchisme prétendait encore que ce partage était un gage d'amour envers autrui. Mais l'on doit à Saint-Exupéry, qui n'en était pas moins un chrétien convaincu, cette réflexion incendiaire sur le sujet :

> *Donne du pain à des hommes*
> *et ils chercheront la guerre*
> *Fais-leur construire une tour*
> *et ils chercheront la paix*

Je ne vois pas de guerre civile poindre à l'horizon au Canada, mais, pour paraphraser Saint-Exupéry, nos « boulangeries » n'en connaissent pas moins une formidable expansion ! On vend le pain à prix d'aubaine.

Les Canadiens comptent parmi les peuples les plus imposés et les plus taxés de la planète. Ces ressources sont partagées entre les minorités de toutes sortes dont le nombre et la variété n'ont pas cessé d'augmenter depuis quelques années.

Le partage n'est plus seulement un fait, mais une véritable mentalité ! Et, curieusement, ce grand partage dans lequel nous sommes engagés, vous, moi et les autres, au lieu d'aider les gens, semble plutôt les enfoncer plus que jamais dans la dépendance !

Oui, partager est une belle chose.

Mais faire du partage un principe de vie, c'est bafouer la vie dans sa nature même qui est de *créer*, de *grandir*, d'*évoluer*, de se tailler une place, un avenir.

À vouloir trop partager, on ne suscite plus ce dynamisme vital : on gruge les ressources.

Comme le disait si bien Louis Pauwells, directeur du journal *Le Figaro* :

« Si j'étais Dieu, occupé à concevoir une autre planète, je ferais un monde où l'on donne et reçoit plutôt qu'un monde où l'on partage. L'utopie du partage aura engendré les misères et les prisons, soulevé des mythes incapacitants. Et c'est vers les pays où l'on donne et reçoit que les hommes privés de pain, de liberté et de dignité, auront toujours cherché refuge, nulle part ailleurs. C'est encore pourquoi j'ose dire que j'aime l'Amérique. »[1]

Cette citation vous indigne-t-elle, comme elle en indignera sans doute certains ?

En réalité, elle exprime tout simplement une vérité de La Palice. Une société où les gens n'apprennent plus à *donner* et à *recevoir*, à vivre les uns les autres dans une relation d'échange, est une société d'aliénation et de dépendance. Et cela même en affaires !

En effet, on a vraiment souvent l'impression qu'il s'agit en affaires de recevoir le plus possible mais de donner le moins possible. On ne réalise pas que le but d'être en affaires est avant tout de rendre service et que les profits

---

[1] Louis Pauwells reprend une citation de l'Américain Chesterton.

n'en sont que les résultats. C'est d'ailleurs ce qu'exprimait en termes simples M. Stanley Marcus, ex-président du conseil de la compagnie Niman-Marcus, une chaîne de magasins renommés pour leur marchandise de grande classe. On lui demandait, dans la revue *Inc.*, de juin 1987, quelle était la recette du succès de son entreprise. Il répondit : « Les Dayton (les propriétaires à Minneapolis) avaient pour principe que le profit n'était pas l'objectif de la compagnie. L'objectif de la compagnie doit être de fournir un service ou un produit d'une valeur telle que les gens soient prêts à vous payer un profit pour l'obtenir. Ceci semble peut-être comme de la sémantique jusqu'à ce qu'on ait vraiment commencé à l'appliquer, et alors cela fait un monde de différence. J'ai découvert que lorsque je prenais très bien soin de mes clients, et faisais d'eux le point de mire de mon activité, les profits, inévitablement, en découlaient. »

Mais donner ainsi implique qu'on n'a pas un droit à la survie dans les entreprises ou même dans la vie. Le mot partage implique un droit : j'ai droit à l'assurance-chômage, j'ai droit au bien-être social, j'ai droit aux accidents de travail. J'ai droit à la subvention aux petites entreprises. Qui a dit que la vie était un droit ? La vie, comme Dieu le disait tellement bien précédemment, c'est donner et recevoir.

Mais ce n'est pas le partage qui pousse les gens à s'affirmer et à devenir responsables d'eux-mêmes !

Ce n'est pas le partage qui motive à se dépasser, à se réaliser. C'est l'amour qui pousse à agir ; on dit d'ailleurs que l'amour donne des ailes et cela, même en affaires. M. Jan Carlzon, président des lignes aériennes scandinaves, disait dans la revue *Inc.* de mai 1989 : « D'après mon expérience, il n'y a que deux grands facteurs de motivation dans la vie. L'un, c'est la peur ; l'autre, c'est l'amour. On peut gérer une organisation par la peur, mais si on le fait, on fera en sorte que les gens ne performeront pas au niveau de leurs possibilités. Une personne qui a peur n'ose pas performer jusqu'aux limites de ses capacités... Mais si on gère les gens par amour – c'est-à-dire, si on leur montre du respect et du « trust » – ils commencent à performer selon leurs capacités réelles. Parce que dans ce type d'environnement, ils osent prendre des risques. Ils peuvent même faire des erreurs. Rien ne peut leur faire de mal. »

On ne se dépasse jamais dans un environnement de partage : on se dépasse dans un environnement d'amour, ou comme disent si bien les Américains, un environnement de « give and take ». La peur de perdre ne fait qu'une société accrochée à sa sécurité. Le désir d'être respecté, apprécié, d'être aimé, pousse les gens, et donc la société, à se dépasser.

Je ne voudrais pas cependant minimiser l'effet de la peur comme facteur de motivation. C'est ainsi qu'on raconte qu'un jour, un milliardaire américain, voyant sa fille hésiter entre une vingtaine de prétendants, décide de prendre les choses en mains. Il les convoque tous les vingt à sa spacieuse demeure, et les alignant en maillot de bain le long de sa piscine olympique, leur tient le discours suivant : « J'ai fait mettre dans la piscine cinq crocodiles de six pieds, tous en pleine forme. Je vous propose le test suivant : le premier qui réussira à nager la longueur de la piscine et qui en sortira indemne aura en plus de la main de ma fille, soit cinq millions de dollars, soit mon île privée dans les Bahamas. »

Il n'a pas aussitôt prononcé le mot Bahamas qu'un des prétendants se jette à l'eau et avec l'énergie du diable traverse la piscine sans reprendre son souffle. À sa sortie, le père est là le félicitant de son courage et de sa détermination pour avoir osé sauter sans aucune hésitation. « Vous avez la main de ma fille, dit-il à ce prétendant audacieux. »

« Je ne la veux pas, merci ! répond le nageur.
– Vous prendrez l'île dans les Bahamas ?
– Je n'en veux pas non plus !

– Prenez au moins les cinq millions de dollars!

– Merci! Je n'en veux rien savoir!

– Mais que désirez-vous alors?

– Je désire connaître le nom de celui qui m'a jeté à la piscine!»

On ne peut nier le fait que notre bonhomme, motivé par la peur des crocodiles, n'a pas poussé loin ses capacités de nageur. Son style laisse à désirer et cela ne fera jamais un champion olympique. Les champions sont motivés par les gens qui leur disent «Envoie! T'es capable», par les gens qui les aiment.

Gagner sa vie!

Dans mes clapiers, à la ferme, la naissance des petits lapins posait toujours un délicat problème.

Les mères n'avaient en effet que huit tétines à offrir. Et l'on se retrouvait toujours avec un excédent de lapins qui avaient eu la mauvaise idée de naître en même temps que les huit premiers! Tout frais sortis du ventre maternel, les malheureux avaient à peine quelques centimètres de longueur. On ne pouvait quand même pas les nourrir au biberon!

Ils étaient condamnés à mourir.

C'est triste, pensez-vous? Mais devant ce neuvième lapin sans tétine, si la mère avait eu le don de la parole, je suis convaincu qu'elle lui aurait plutôt dit: «Cherche-toi une tétine! et vite!»

La situation des jeunes, aujourd'hui, et la situation de plusieurs adultes, me font un peu songer à celle de mes lapins, à cette différence près que personne n'est condamné à mourir par manque de tétine!

Mais chacun de nous a besoin d'une «tétine»! Chacun de nous a besoin de faire son chemin, de trouver sa voie! De trouver comment il doit rendre service à la société.

Face à l'existence, nous sommes tous des « neuvièmes lapins » !

Et nous sommes toute une génération à avoir peur, peur de dire « Cherche-toi une tétine ! » aux générations qui nous suivent.

Dans le langage familier, nous avons pourtant une expression merveilleuse qui persiste, une expression propre à la langue française : gagner sa vie !

On ne réalise pas que derrière le mot « gagner sa vie », sous-entendue, il y a aussi l'expression « perdre sa vie » et, malheureusement, chacun d'entre nous est seul à pouvoir réaliser l'un ou l'autre. On est aussi les seuls dans son for intérieur à réaliser qu'il faudra donner pour gagner : on ne gagne rien sans effort ; cela s'appelle « travail ».

D'ailleurs, ce principe de gagner sa croûte n'est pas nouveau. Saint-Paul ,dans un de ses épîtres aux Thessa loniciens, disait : « Frères, au nom du Seigneur Jésus-Christ, nous vous ordonnons d'éviter tous ceux d'entre vous qui vivent dans l'oisiveté et ne suivent pas la tradition que vous avez reçue de nous. Car vous savez bien, vous, ce qu'il faut faire pour nous imiter. Nous n'avons pas été reçus parmi vous dans l'oisiveté, et le pain que nous avons mangé, nous n'avons demandé à personne de nous en faire cadeau ; au contraire, dans la fatigue et la peine, nuit et jour, nous avons travaillé pour n'être à la charge d'aucun d'entre vous. Bien sûr, nous en aurions le droit : mais nous avons voulu être pour vous un modèle à imiter. Et quand nous étions chez vous, nous vous donnions cette consigne : si quelqu'un ne veut pas travailler, qu'il ne mange pas non plus... » Ce texte nous surprend ! Il dit pourtant tout simplement que chacun de nous doit gagner sa vie, c'est-à-dire faire l'effort, donner de soi. C'est ce qu'appelle Saint-Paul, le travail.

Combien sommes-nous encore à en connaître le vrai sens ? À savoir : bâtir de ses mains ses propres conditions d'existence, donner de sa propre personne pour recevoir le meilleur de la vie en retour?

Vous ne pouvez pas faire à la place de l'autre ce que lui seul est à même de faire : définir sa propre existence, prendre sa place au soleil.

Mais vous pouvez donner l'exemple de vos sentiments.
L'exemple de votre engagement face à la vie !
Vous pouvez l'aider, l'aimer assez pour que lui,
l'autre réussisse sa vie !

S'engager !

J'ai rencontré un jour un homme de mon âge qui avait la nostalgie du bon vieux temps des curés de campagne. Personnellement, je ne regrette pas cette époque. Mon père était d'ailleurs un gars de la ville. Je n'ai pas grandi sur une ferme. J'aime à me considérer comme un homme moderne et je prends au pied de la lettre l'expression avancer en âge. Je ne recule pas en vieillissant et je n'ai pas non plus les yeux braqués sur mon « rétroviseur », même si la nostalgie d'hier me reprend.

Mais toujours est-il qu'en 1935, le père de cet homme était venu s'installer à La Reine, un petit village d'Abitibi, avec une famille à nourrir et presque rien en poche. La terre qu'il venait d'acquérir était couverte d'un bois touffu. Pendant les deux premières semaines, alors qu'il arrachait à ce boisé de quoi fabriquer une cabane, la famille campa dans une installation de fortune. Puis commencèrent le grand défrichage et les labours.

Des années plus tard, après avoir roulé sa bosse ailleurs au Québec, l'homme revint sur la terre paternelle. Le père, déjà très âgé, lui montra la nouvelle grange qu'il venait de construire. Ses yeux brillaient de fierté. Il lui montra ensuite les bêtes, les autres installations, les cultures et tout ce qu'il avait pu tirer de ce paysage autrefois hostile.

Puis le temps passa, le père mourut de sa belle mort et... la ferme fut vendue.

« Dimanche dernier, me confia l'homme, j'y suis retourné pour voir ce qui était arrivé à sa terre. Et ça m'a crevé le cœur... »

Plus de grange.

Les nouveaux propriétaires l'avaient détruite pour en brûler les morceaux.

Plus de culture.

La forêt avait regagné tout le terrain défriché, la terre était retombée en friche.

« On l'avait achetée au cas où ça marcherait, expliquèrent les nouveaux propriétaires. Mais ça ne marche pas. La terre n'est plus bonne. Elle est finie. »

Pourtant, cette terre dont ils parlaient avait fait vivre une famille de dix-sept personnes ! Et, quand le père était venu y installer ses pénates, il n'y avait rien. Comment lui-même avait-il pu en tirer ces choses splendides alors que, découragés et insouciants, ces gens-là n'avaient pas même su perpétuer son héritage ?

Vivre : un engagement total !

Le confort et l'indifférence...

Nous avons accompli d'énormes progrès depuis l'époque où ce fermier labourait sa terre en Abitibi. Ce qu'il a fait en quelques années, nos tracteurs et nos engins sophistiqués pourraient le faire en moins de quelques semaines. Mais je parle seulement de nos progrès techniques. Je serais curieux de voir la réaction d'un gars d'aujourd'hui si on lui mettait tout à coup la hache dans la main en lui disant : « Voilà ton outil de travail et voilà 15 bouches à nourrir, débrouille-toi ! »

Mais une nouvelle époque apporte aussi un autre niveau de vie. Notre bonhomme ne voudrait sans doute pas renoncer au confort et aux facilités de la vie moderne. D'ailleurs, pourquoi le ferait-il ?

C'est la question qui pend aux lèvres de beaucoup de gens aujourd'hui : « Pourquoi le faire ? », « Pourquoi s'en donner la peine ? » L'ordinateur et les inventions électroniques sont là pour nous libérer des tâches pénibles de la vie quotidienne. Le gouvernement est là pour nous soulager de la misère en cas de chômage. Et si, par malheur, un problème quelconque n'a toujours pas de solution technique, on vit dans l'espoir qu'un nouveau gadget ou qu'une nouvelle formule scientifique viendra, encore une fois, nous dispenser de fournir nous-même l'effort nécessaire. Et cela même pour sa propre santé. On cherche la pilule miracle qui nous fera perdre les vingt livres qu'on a en trop. Pourtant, come le dit M. Covert Boiley, auteur du livre « *Fit or Fat ?* » : « Je suis exaspéré par ces gens qui disent que les diététistes et les médiums ne connaissent rien à la diète. On en connaît tellement. Tous les diététistes de la terre nous diraient qu'il n'y a que deux choses à savoir. Une, faire de l'exercice régulièrement. Deux, faire attention aux quatre règles d'une bonne diète : manger moins de gras, moins de sucre, plus de fibres et une nourriture variée. Mais encore faut-il le faire ! On aimerait mieux une pilule. Si un jour on réussissait à formuler l'exercice physique dans une pilule, ce serait la pilule la plus prescrite au monde, car elle éliminerait l'effort. On a bâti une société où l'effort est à proscrire ».

Pendant ce temps, la jeunesse québécoise, et la jeunesse nord-américaine en général, regardent la génération adulte faire en se disant : « Ça doit être ça la vie. C'est probablement le genre de vie qu'ils voudraient nous voir vivre. » Alors, nos jeunes travaillent à améliorer leur niveau de vie. Ils s'inscrivent à l'université pour décrocher le diplôme qui les hissera à une échelle salariale intéressante et leur permettra de jouir de tout le confort imaginable ! On ne devient pas professionnel pour aider l'autre : on le devient pour moins travailler.

Ceux qui n'y parviennent pas, soit par malchance, soit parce qu'ils sont issus d'un milieu trop pauvre, essaient de suivre eux aussi la loi du moindre effort en courant après l'assurance chômage ou après le bien-être social! On a même donné des cours sur les droits des assistés sociaux, sur les façons de faire une faillite personnelle.

Saviez-vous que pour la première fois de notre histoire, en Amérique du Nord, les moins de vingt ans sont en nombre inférieur aux plus de cinquante ans?

Depuis des millénaires, la jeunesse d'une société a toujours représenté une force dynamique, une force de changement. À différents moments de l'histoire, elle a fait progresser le monde. Les plus grandes découvertes scientifiques sont dues à des hommes et des femmes qui n'avaient pas encore franchi le cap des trente ans! Les plus grandes révolutions dans le monde des arts sont dues à des artistes qui sortaient à peine des écoles!

Mais aujourd'hui, les classes se prolongent souvent jusqu'à trente ans et même au-delà... Nos jeunes sont plus instruits qu'ils ne l'ont jamais été. La « tête » est surdéveloppée.

Mais qu'en est-il du « cœur »?

L'exemple d'un monde vieillissant, avachi dans le confort de la vie moderne, obsédé par la sécurité, n'est-il pas en train d'étouffer leur élan vital?

Ne trouvez-vous pas étrange que ces jeunes, plus instruits que jamais, soient plus que jamais attirés par la sécurité? par la dépendance par rapport au gouvernement, aux parents, à l'assistance sociale?

La grande leçon du passé

À l'époque de nos arrière-grands-parents, les jeunes, et les gens en général n'étaient pas aussi instruits que la jeunesse actuelle. Beaucoup d'entre eux ne savaient pas lire et la plupart étaient laissés complètement à eux-mêmes avec leurs deux mains nues pour seule ressource!

Bien sûr, c'était la misère, l'ignorance et la lutte continuelle pour arracher à la terre de quoi survivre. Mais il n'y avait pas de béquilles à cette époque, *aucun moyen d'échapper à l'effort, d'échapper à ses responsabilités.*

La notion de « qualité de vie », si courante de nos jours, leur était tout à fait inconnue. Ils prenaient le mot « qualité » dans son usage authentique en parlant d'objets manufacturés, de meubles, de nourriture. Mais ils n'auraient jamais cru un seul instant qu'on puisse considérer la vie elle-même comme une « chose fabriquée », une « chose artificielle »!

Ils ne se tordaient pas en explications et en études de toutes sortes. Ils ne réclamaient pas de « garanties » avant de passer aux actes, avant de prendre la hache et de couper les arbres, de labourer la terre et de bâtir un abri pour leur famille. La vie était pleine d'incertitude, comme aujourd'hui, à cette différence près qu'à cette époque les gens ne se faisaient pas d'illusions sur leur sécurité.

À leurs yeux, VIVRE ÉTAIT LE FRUIT D'UN ENGAGEMENT. ON S'ENGAGEAIT FACE À LA VIE POUR LE MEILLEUR ET POUR LE PIRE!

LEUR ENGAGEMENT NAISSAIT D'UN SENTIMENT. C'ÉTAIT UN ENGAGEMENT BRANCHÉ SUR LE CŒUR, PAS SUR LA TÊTE!

À travers mes voyages dans ce grand Canada, on me demande souvent ce que je pense des problèmes politiques qui divisent des millions de Canadiens. Je leur parle alors de l'engagement. Un pays, ce sont des gens engagés à bâtir une génération meilleure que la précédente, à pousser plus loin le désir de faire quelque chose, et cela coûte que coûte!

Au contraire, à l'heure actuelle, des millions de Canadiens essaient de s'engager avec la tête comme ces gens qui achetèrent la terre du vieil homme en Abitibi. Ils s'imaginent que l'engagement doit être réfléchi, raisonné, calculé. Et finalement, ça ne marche pas! Ça ne marche jamais! À la moindre difficulté, tout s'écroule! Le cœur n'y est pas! Il faudra réapprendre à y mettre du cœur. J'admire ces gens qui partent en affaires avec leur petit bagage de connaissances, avec un compte en banque ridicule, mais qui y mettent leur cœur, leurs tripes. C'est le cas d'un Raymond Wechter. Le propriétaire-fondateur de Raymond Lumber, qui lança son entreprise avec une petite cabane au milieu d'un terrain vacant et une voiture familiale. Le jour, pendant qu'il faisait le tour des chantiers pour vendre son bois de finition, son épouse s'occupait du téléphone et répondait à tous les appels. Lui, au moment d'une commande, demandait au client où il voulait que le bois soit placé, car son camion passerait peut-être tôt le lendemain matin, et personne ne serait au chantier. Mais en fait, c'était lui, le livreur, qui, avec sa familiale livrait les commandes le soir et la nuit. À deux, son épouse et lui, ils ont bâti une entreprise florissante. La recette de leur succès : la volonté d'y mettre tous les efforts nécessaires, le désir d'y mettre tout leur cœur.

J'ai toujours été fasciné par les animaux, et par les chiens, en particulier. Ce qui m'impressionne chez eux, c'est leur fidélité sans compromis, absolument totale. On prétend même que les chiens d'aveugle, pourtant bien entraînés, ne peuvent plus servir à aucun autre aveugle, une fois leur maître décédé. Et, d'une façon générale, le chien qui a perdu son maître se laisse dépérir et refuse de manger jusqu'à ce que mort s'ensuive. Son engagement est total!

Au contraire de l'humain, les chiens n'ont pas de tête!

Beaucoup de nos arrière-grands-parents menaient une «vie de chien» et je ne le souhaite à personne.

Mais mener une vie face à laquelle on n'est pas véritablement engagé, n'est-ce pas ce qu'on peut souhaiter de pire à un humain?

Joseph-Armand Bombardier, le rêveur acharné !

L'engagement apporte à votre vie un sentiment inexplicable, un sentiment qui n'est autre chose que la *détermination* !

Votre engagement face à la vie est un engagement à *déterminer votre vie* !

Mais, dans cette dernière décennie du vingtième siècle, le monde en général, a choisi l'attitude contraire. Il a commis l'erreur d'abuser de l'explication. Il a cherché l'explication à ses comportements, l'explication à sa vie ! Et comme ce besoin s'est élargi, une foule de spécialistes ont envahi leur quotidien pour y répondre : médecins, psychologues, psychiatres, conseillers, orienteurs. Le corps professionnel au grand complet !

« *À force de devoir compter sur les spécialistes et les corps intermédiaires*, écrivait Jean-Paul Desbiens à ce propos, *on se retrouve infirme, aliéné, entièrement remis entre les mains des autres !* » Ce n'est plus ma maladie, mais celles des spécialistes.

Dans ce contexte, le sentiment de la détermination s'est dégradé chez plusieurs d'entre eux. Ils en sont venus à croire que ce n'est pas l'humain qui *détermine les événements de sa vie*, mais les événements qui, au contraire, déterminent l'humain, le poussent à agir dans un sens ou dans un autre, le conditionnent, etc.

Voyez le père de famille revenir à la maison le soir après le travail. Il donne un de ces coups de pied au chien ! Le chien ne sait pas pourquoi il reçoit un coup de pied : il n'a fait qu'une erreur, c'est d'être passé par là vers les cinq heures trente. Il aurait dû aller jouer plus loin. Mais pourquoi avoir frappé le chien ? Parce que la journée a été moche, une journée à se laisser vivre, en attendant la date de la mise à la retraite.

Ils trouveront le moyen de vous dire :

217

« Tu n'étais pas responsable. C'est une poussée d'adrénaline qui t'a monté au cerveau et il fallait que tu te décharges sur ce chien ! »

C'est la bonne vieille farce de la poule avant l'œuf ou l'œuf avant la poule : l'adrénaline avant l'idée de frapper une boîte ou l'idée de tuer un chien avant l'adrénaline ?

Le problème est sans solution. Vos gestes, vos actions vous ramènent à l'*irrationnel*.

Mais la différence, c'est que ces gens ont choisi de *rationaliser, d'expliquer*, de faire dépendre leurs actes et même leur *vie en général* d'une explication rationnelle !

Ils vont vous dire : « La détermination, c'est bien beau. Mais déterminer quoi ? Qui détermine vraiment ce qui arrive ? » Personne ! Je suis à la merci du patron.

À partir de là, c'est très simple : ils ne déterminent plus rien, ce sont les choses qui se chargent de les déterminer ! La vie les charrie.

Nos arrière-grands-parents ne s'embarrassaient pas avec ces problèmes de poule avant l'œuf ou d'œuf avant la poule. Quand quelqu'un frappait un os et se retrouvait dans la misère, ils avaient coutume de dire : « Il l'a bien cherché ! il l'a voulu ! ». Il n'a qu'à se prendre en mains !

Quand on voulait quelque chose, on luttait pour l'obtenir, point final. Le raisonnement s'arrêtait là ! Tu veux une terre ? Tu défriches une terre ! Tu ne cherches pas une subvention !

Joseph Armand Bombardier voulait un engin capable de rouler sur la neige. Il n'est pas passé par le ministère de l'Industrie et du Commerce.

Des ingénieurs avant lui avaient déjà échoué dans cette tentative.

Bombardier, lui, n'était qu'un simple garagiste. Il commença par recycler de vieilles carrosseries de voitures Ford en les montant sur des skis !

Plus tard, il essaya avec des carlingues d'avion en raison de leur plus grande légèreté. Mais les engins en question s'avérèrent si légers qu'ils s'envolèrent dans le décor au premier banc de neige! Une passion qui forçait les événements.

Il revint alors aux carrosseries de voiture en améliorant son système de skis et de chenilles. Comme ce n'était pas encore suffisant, la carrosserie étant décidément trop lourde, il demanda à un menuisier de lui en fabriquer une en bois sur mesure.

Et il continua sur cette lancée avec acharnement.

De la première tentative jusqu'à l'invention de son chef-d'œuvre, le célèbre Ski-Doo, une trentaine d'années s'étaient écoulées!

Trente ans! Ce chiffre donnerait le vertige à beaucoup de gens aujourd'hui! Attends dans trente ans...Armand Bombardier a mis sa passion à inventer une auto-neige! On l'a d'ailleurs vu dans une courte série à la télévision au cours de l'année 92. Je me souviens des réflexions que je me suis faites après l'avoir vu! Pour moi, Joseph Armand Bombardier est le symbole du gagnant. Il ne gagnait pas contre les autres, il gagnait sur lui, il allait plus loin à chaque prototype au point d'en rire avec sa femme lorsque l'un de ses modèles resta pris dans la neige et cessa d'avancer.

Il est curieux de nos jours que gagner, dans la tête de bien des gens, soit toujours en fonction des autres. Pourquoi gagner implique-t-il toujours un partenaire qui perd? Une professeure de l'université du Texas, docteur Betty Sue Flowers, avait eu cette remarque : « Dans cette culture, on a toujours besoin d'un ennemi pour définir qui nous sommes. » En affaires, je me suis souvent aperçu que le plaisir que l'on ressent à réussir n'est pas causé par le fait de gagner mais bien par le fait de voir l'autre perdre. « Le plaisir de l'un, c'est de voir l'autre se casser le cou », comme le disait si bien Félix Leclerc! Quel enthousiasme quand on sait que non seulement on gagne une bonne part du marché, mais surtout que l'autre est en train de perdre sa chemise.

Gagner pour moi, c'est quoi dans ce contexte ? Pour Joseph Armand Bombardier, c'était quoi ? C'était, à mon avis, de réussir à faire une auto-neige qui dépasserait ses espérances. Réussir, gagner, c'est faire un travail de façon parfaite, gagner, c'est une question de sentiment : c'est plus comment tu te sens par rapport à quelque chose que la chose elle-même. Gagner, c'est vouloir fabriquer le produit, l'entourer d'un service tel que l'ensemble frise la perfection. C'est le défi que le président de la compagnie d'automobiles Nissan avait lancé à ses ingénieurs : réaliser l'automobile parfaite. Et pour cela et avec cela, il avait poussé son équipe à produire l'automobile « Infiniti » qui n'est pas parfaite mais qui allait plus loin sur le chemin de la perfection. Car tout est perfectible. C'est ce qui explique qu'il y ait toujours le défi de faire mieux, de gagner ! Mais il faut une détermination.

Le mot « détermination » est une expression vide de sens pour beaucoup d'entre nous.

Mais comment expliquer autrement le phénomène Bombardier ? Par une poussée d'adrénaline, peut-être ? par les évenements ?

Les deux pieds *à la même place* !

J'ai appris un jour, de la bouche d'un pêcheur, un autre principe de l'engagement qui est en fait sa définition même.

Le pêcheur était sur le point de lever les amarres à l'Anse-à-Beaufils. Insouciant, moi, je me balançais de gauche à droite, un pied dans l'embarcation et l'autre sur le quai, en attendant ma fille qui était partie chercher son chandail dans l'auto. Quand, tout à coup, le bonhomme s'est tourné vers moi, amusé, mais un peu perplexe :

« Ça me fait rien, m'sieur, lança-t-il dans son langage de Gaspésien. Mais vous feriez mieux de mettre les deux pieds à la même place. Parce que tantôt le bateau va partir, ça va s'écarquiller et vous allez frapper l'eau par le milieu!... »

Sa remarque m'avait amusé. En effet, c'était ridicule.

J'ai jeté un coup d'œil à l'eau qui clapotait entre le quai et l'embarcation et j'ai sauté à bord aussitôt.

Mais cet incident m'a fait réfléchir.

S'accrocher au quai, faire pendre un pied hésitant dans l'embarcation, n'est-ce pas en quelque sorte le symbole d'une attitude courante aujourd'hui?

Il y a quelques années, mon fils rêvait de devenir vétérinaire, rêve qui ne s'est jamais matérialisé. Mais sur la feuille d'inscription de l'université, on lui demandait d'inscrire trois choix:

« P'pa, je ne sais pas quoi choisir comme deuxième et troisième choix...

– Comment? Tu ne veux plus devenir vétérinaire?

– Oui, mais au cas où ça marcherait pas, il faut faire un deuxième et un troisième choix...

Je suis resté stupéfait!

– Bon, lui ai-je dit. C'est bien simple. On va régler ça : 1er choix, vétérinaire, 2e choix, VÉTÉRINAIRE et 3e choix, VÉTÉRINAIRE! »

Quand vous entrez dans un bureau de scrutin, le jour d'une élection, on ne vous demande pas d'inscrire trois choix sur votre bulletin de vote! Vous ne votez pas à moitié, aux trois quarts ou aux deux tiers pour Untel ou Untel; vous votez à 100 % pour lui et lui seul!

Mais la société d'aujourd'hui nous offre quantité de possibilités qui deviennent des échappatoires, des possibilités qui nous incitent à garder un pied sur le quai et un autre dans le bateau, des incitatifs pour retarder la prise de décision. On se ménage des portes de sortie et on hésite constamment à EMBARQUER À 100 % DANS QUELQUE CHOSE!

Combien de jeunes vont chercher un travail dans le seul but de s'inscrire vingt semaines plus tard à l'assurance-chômage?

Aujourd'hui, à l'école, on persuade ces mêmes jeunes d'étudier dans plusieurs branches, même si ces branches ne les intéressent pas, sous prétexte que « ça met plusieurs cordes à leur arc ».

Mais avez-vous déjà essayé de tirer avec un arc à plusieurs cordes?

C'est merveilleux d'être polyvalent, c'est magnifique de s'intéresser à plusieurs choses. Mais cette attitude aujourd'hui est souvent un prétexte pour ne pas embarquer à 100 %, un prétexte pour se désengager, pour excuser l'inaction!

« Mon beau Lionel... »

Je me souviendrai toujours d'un vieux copain du collège classique. Il s'appelait Lionel. C'était un élève dissipé, on pourrait presque dire un « marginal qui avait une grande joie de vivre ».

Lionel passait le plus clair de son temps à courir les jupons. Quand il rentrait en classe le matin, le professeur de mathématiques, M. Gérard, un Français à l'accent un peu pincé, le regardait avec un sourire et lui servait sa plaisanterie habituelle : « Mon beau Lionel, de quelle catin t'as sucé les oreilles hier soir? »

Et la classe se tordait de rire.

Mais Lionel voulait devenir médecin. Et, bien sûr, ses mauvaises notes lui ont valu un refus catégorique dans toutes les universités de la province.

Vous savez ce qu'il a fait, mon « beau Lionel » ? Il a fait ses bagages et il est parti en Europe à la recherche d'une école de médecine qui voudrait bien de lui. Après avoir roulé sa bosse, il s'est finalement retrouvé à Lille, en France. Il y a étudié la médecine pour revenir ensuite décrocher son diplôme de médecin à Montréal.

Lionel ne s'était pas donné trois choix. Il n'avait pas gardé un pied sur le quai et un autre dans le bateau. Il avait embarqué à 100 % dans son rêve d'être médecin !

Et vous-même ? Avez-vous lâché le quai ?

La vie continue, que faites-vous ?

J'y vais un peu fort, pensez-vous. Je suis peut-être trop radical ?

En réalité, je ne suis pas « tro » radical ; je SUIS radical.

Je ne peux pas m'imaginer discutant de vie et d'engagement autrement qu'en termes radicaux.

LA VIE EST RADICALE.

La vie, c'est coupé dans le vif ! Un jour, tous, on devra couper dans le vif de la vie et prendre une décision ! Tu pars ou tu restes ! Tu quittes la famille ou tu demeures l'enfant qui cherche ses parents ! Tu couves tes enfants comme la poule couve son œuf, sachant que tu leur nuis, ou tu les pousses en bas du nid. On a demandé à l'auteur du téléroman *« L'héritage »* de Victor Lévy Beaulieu pourquoi le père mourait à un certain moment. Il avait répondu alors : « Il faut que le père meurt pour que les enfants vivent. »

Dans les affaires, pourquoi y a-t-il tellement de problèmes à faire passer une entreprise du père fondateur au fils, qui ne demande qu'à prendre la relève ? N'est-ce pas la peur du père, l'hésitation du père à prendre la décision de quitter, de mourir quoi ! J'admire d'ailleurs avec quelle sagesse M. Jean Coutu a su, après réflexion certes, remettre les guides de l'entreprise de pharmacies d'escompte à son fils François-Jean. Le père est « mort ». Mais pour lui, j'en suis sûr, c'était un geste « radical ».

Vous savez ce qu'on disait après la mort du célèbre monsieur de La Palice qui nous a laissé tant de « belles vérités » ? Les gens qui l'avaient assisté jusqu'à l'extrême-onction déclarèrent que, « vingt minutes avant sa mort, La Palice était encore vivant... »

C'est grâce à cette déclaration-choc que le pauvre homme entra dans la légende et, depuis ce jour, chaque fois qu'on prononce une évidence frappante, sa mémoire est évoquée.

Et, malgré tout, cette première vérité de La Palice entre difficilement dans l'esprit de beaucoup de gens, aujourd'hui ! Ils ont tendance à oublier qu'ils sont en vie, que la vie est là à 100 % !

La vie continue pourtant. Ils continuent de vivre, de manger, de boire, de dormir, d'aller au travail, de regarder leurs émissions préférées, etc. Mais il faut encore les réveiller pour leur dire que la vie est là, à 100 % !

Le malheur de ces gens, c'est qu'en tant qu'êtres humains, ILS NE S'ENGAGENT PAS À 100 % !

Le 100 %, c'est la vie seule qui se charge de le donner. Ils la regardent passer comme une vache qui regarde passer les trains. Ils se laissent déterminer par les événements au lieu de déterminer eux-mêmes leur destinée, de vivre avec détermination!

VOTRE VIE EST LÀ, À 100 %.

CHAQUE MINUTE QUI PASSE EST UN NOUVEAU MOMENT DE VOTRE VIE.

ÊTES-VOUS ENGAGÉ À 100 % ?

Les promesses de la tête

L'engagement ne serait pas réel s'il ne reposait pas sur une base réelle.

Et la seule base réelle, c'est le moment présent qui peut vous l'apporter. Hier n'existe plus, demain n'existe pas encore; l'engagement ne peut donc prendre forme qu'entre les deux, AUJOURD'HUI!

Les gens aujourd'hui ont tendance à «vivre» au contraire dans le futur. Je mets «vivre» entre guillemets, car ce moment futur n'est qu'une abstraction de l'esprit. On ne vit pas dans l'avenir, cela va de soi!

Mais on peut en revanche se comporter exactement comme s'il en était ainsi. C'est-à-dire tomber dans l'inertie et se laisser envahir par toutes sortes de fabulations sur ce que l'avenir nous réserve en bien ou en mal.

Il peut en résulter un véritable fouillis mental si l'on n'y prend garde. Mais la plupart des gens évitent cet écueil en donnant une allure *rationnelle* à leurs fabulations. Et c'est alors que tout à coup celles-ci se transforment en promesses.

Selon Frank Trippett, *64 % des Américains vivent aujourd'hui dans les mêmes conditions qu'à leur naissance!* Ce qui veut dire que la majorité d'entre eux se sont contentés de subir une réalité, sans même essayer d'y changer quoi que ce soit. La statistique doit être valable chez nous.

Mais, à travers ce dur constat, combien de promesses, combien de beaux rêves d'avenir n'ont jamais connu de réelles tentatives?

Combien de ces Américains se sont vraiment engagés à les tenir? Combien ont préféré, au Québec, au lieu de s'engager, tuer leur rêve et laisser le temps passer? En bon français, on disait: «On va attendre voir!» Et on a vu la vie passer! Combien de petites entreprises n'ont pas su prendre à temps les décisions qui s'imposaient. Je suis toujours surpris de voir des gens ouvrir un commerce et

225

passer à l'action. Ils commencent par louer un local, se faire imprimer du papier à lettres, des cartes d'affaires, ils préparent un petit dépliant qu'ils feront distribuer aux 5 000 portes du voisinage, mais ils oublient de passer à l'action et de vendre leurs produits. Ils ne les offrent même pas à leurs voisins et amis. Les gens qui entrent dans leur local sont reçus avec une indifférence glaciale et l'éternelle question : « Est-ce qu'on peut vous aider ? »

Mais dans le fond, ces gens ont ignoré l'engagement qui précède l'action de vendre ! Ils ont tout simplement promis de l'essayer !

La tête promet, le cœur *s'engage* !

Inutile de m'étendre en longueur sur ce que valent les promesses. Vous le savez aussi bien que moi pour avoir écouté maintes fois les discours des hommes politiques en mal d'électeurs. Et les promesses d'ivrognes, que vous avez dû entendre souvent au cours de votre vie, n'ont sans doute pas plus de sens à votre esprit que le bourdonnement d'une mouche.

Mais, en y pensant un peu, vous serez frappé de vous apercevoir que la promesse révèle au fond beaucoup de choses sur notre attitude.

Pourquoi fait-on des promesses, au fond ? Quand on promet, ne dit-on pas en un sens : « Ne vous en faites pas, demain vous aurez ceci ou cela » ?

N'est-ce pas une façon de se rassurer sur l'avenir ?

En ce sens, la promesse peut prendre plusieurs formes.

Dans la vie de tous les jours et dans la société, il existe des formes pernicieuses de promesses.

Le contrat de mariage, par exemple, qui devrait exalter l'union entre deux êtres qui s'aiment, ne sert-il pas en réalité à prévenir les « dégâts éventuels » ? à rassurer les époux l'un par rapport à l'autre, grâce à une pléiade de clauses protectrices?

On entre de plus en plus dans le mariage comme ces gens qui achetèrent la ferme du vieil homme, en Abitibi: *au cas où ça ne marcherait pas...* Et l'on prévoit tout en conséquence! L'imprévu? On s'efforce de le ramener à des bagatelles, jusqu'au jour où le fameux contrat est rompu et révèle ce qu'il était: une vulgaire promesse.

Dans le même esprit on pourrait parler de plusieurs sortes de contrats qui ont cette prétention de *mettre l'avenir en boîte.*

Mais la forme la plus pernicieuse que peut prendre la promesse est sans doute cette chose qui a pris tant d'ampleur au Canada et qu'on appelle pompeusement les «études».

Les Canadiens comptent parmi les gens les plus studieux de la planète! Mon Dieu, qu'on a fait des études. Voyez, dans une organisation, quelqu'un se lève et proclame bien haut qu'il faut absolument passer aux actes au plus tôt et que la première étape consiste à acheter le terrain. Aussitôt en chœur plusieurs rétorquent qu'il ne faut pas aller trop vite. Au cas où ce ne serait pas le bon terrain. Non! Eux suggèrent d'abord de faire une étude sur l'infrastructure du milieu et sur le mouvement démographique de la région! Et pendant que l'on termine l'étude, on apprend quelques semaines plus tard que le terrain a été acheté par un groupe de Japonais qui commenceront la construction du supermagasin dans un mois. La réaction de tous: une colère contre ces étrangers qui viennent nous couper l'herbe sous le pied.

Il y a une vingtaine d'années, on fit des études pour savoir si l'on pouvait exporter notre gaz naturel vers les pays d'Europe. Le transport par bateaux méthaniers, la construction de ports en eaux profondes, les conditions du marché européen, tout fut passé au peigne fin. Des piles et des piles de rapports! Quatorze ans d'études! Quatorze ans!

Pour en arriver où ?

Les Russes venaient de construire leurs propres pipelines... On aurait eu largement le temps de les battre de vitesse, de couvrir notre part de marché, de mettre nos bateaux sur le trajet avant même qu'ils aient pu poser un seul boulon à leurs installations. Mais on a préféré continuer à « étudier » la question, *au cas où ça ne marcherait pas*.

Tout ce paquet de belles feuilles n'était qu'un paquet de belles promesses.

Et ce n'est qu'un exemple parmi des milliers d'autres.

On économiserait une fortune à l'échelle nationale si, au lieu de se chauffer au mazout ou au gaz, on utilisait comme combustible tous les rapports publiés !

Certains souriront de cette boutade tout en s'empressant d'ajouter que les choses sont parfois compliquées et qu'il faut bien étudier la question avant de s'engager. Mais la vérité, c'est qu'on peut trouver la complication partout où on la cherche et, d'autant plus facilement, que la peur d'agir est grande. Étudions en profondeur tout ce qui entre dans la recette d'une omelette, jusque dans les moindres détails microscopiques, faisons des études complexes de « faisabilité » et, bientôt, plus personne n'osera casser des œufs !

Nous avons le cerveau hypertrophié.

La machine à promesses fonctionne à plein rendement.

On dit souvent « s'engager à tenir ses promesses ». Mais c'est en réalité placer dans la même phrase deux choses complètement différentes. La promesse n'est pas un engagement et l'engagement n'est pas une promesse. C'est un sentiment qui se vit au présent. C'est également un savoir, oui, mais un savoir branché sur le cœur. Ce qu'on sait de la vie et ce qu'on sait par rapport à ce qu'on veut en faire se perdent en fabulations dans la promesse, mais s'ordonnent en actions dans l'engagement.

L'engagement est la force qui détermine nos actes :

On promet avec la tête.

On s'engage avec le cœur!

La promesse essaie de mettre l'avenir en boîte.

L'engagement, au contraire, accepte la vie et sa nature imprévisible. Son point de départ, c'est aujourd'hui, pas demain!

Il est à l'image de la vie, à l'image de votre cœur!

L'engagement, un reflet du cœur...

Les gens de tous acabits charrient tellement d'idées fausses sur le sens de l'engagement qu'il serait bon de liquider la question une fois pour toutes.

Enflammés par la lecture de ce chapitre, certains pourraient en effet sauter en bas de leur chaise et courir au plus proche bureau de l'armée canadienne pour s'« engager ». Ou certains autres, choisissant une association ou un quelconque parti politique, pourraient sortir aussitôt leur portefeuille pour acheter une « carte de membre ».

Après quoi, de retour à la maison, avec leur carte, leur feuille de recrutement ou tout ce qui pourrait leur paraître un signe « tangible » d'engagement, ils n'auront de cesse de les admirer en disant : « Ça y est, me voilà engagé! »

Se faire recruter par l'armée, par un parti ou par une quelconque association n'implique pas forcément un engagement.

Un futur membre qui se présente au bureau de recrutement d'un parti avec l'intention de s'engager, ignore au fond le vrai sens du mot. Car avant de poser ce geste, il aurait fallu que l'engagement prenne forme en lui-même, qu'il ait déjà la conviction des idées que défend ce parti. Dans le cas contraire, il ira tout bonnement rejoindre un troupeau de moutons.

La même réflexion s'applique à ceux qui essaient de se faire embaucher par une entreprise ou de se tailler une place parmi les membres d'une association.

On peut d'ailleurs être une personne très engagée sans pour autant faire partie de quoi que ce soit, sans que cet engagement se traduise par de grands défis politiques ou sociaux, mais plutôt par le quotidien, le mariage, l'amour d'un métier ou d'une vocation.

Pourquoi pas ?

Absolument !

Il ne saurait y avoir de formes strictes, de formes rigides d'engagement. CETTE FORME, C'EST EN VOTRE CŒUR QU'ELLE SE DESSINE !

Vous voulez un exemple d'engagement du cœur bien de chez nous ? Le Cardinal Paul-Émile Léger, décédé en 1991, à l'âge de 87 ans. Voilà quelqu'un qui a compris que s'est le cœur qui s'engage, qui relève le défi d'être celui qui saura faire de sa vie quelque chose de plus grand, de plus immense que le simple petit gars de Saint-Annicet n'avait jamais rêvé. Il s'est engagé et cela toute sa vie. Même dans la soixantaine, il réajuste son tir et, quittant toute la pourpre de l'état cardinalice, il devient, de 1967 à 1979, simple missionnaire en Afrique pour aider les plus pauvres, les plus déshérités. Si on s'engageait, même en plus petit, dans la vie !, quelle différence cela ferait !

Un mariage d'enfants

Il est intérressant de voir des membres d'association ou de parti crier leur engagement sur tous les toits comme s'ils en avaient le monopole.

Mais ce qui me rend surtout perplexe, c'est de m'apercevoir, en y regardant de plus près, que beaucoup d'entre eux ont rejoint les autres en croyant dissimuler leurs faiblesses sous la force du nombre.

Cela explique peut-être pourquoi tant d'associations sont créées dans le but de protéger leurs membres et non pas dans celui de *conjuguer leurs forces, de créer, de bâtir des choses, au lieu de toujours chercher à défendre des droits acquis.*

Ce genre d'association ressemble à un mariage d'enfants. Des enfants qui ont peur et qui cherchent à se rassurer, qui essaient puérilement de contourner les difficultés de la vie et qui se renfrognent dans une attitude défensive.

Il y a quelques années, le Collège des médecins prenait des mesures sévères pour empêcher ses jeunes émules de pratiquer les médecines douces. Il ne fallait surtout pas que cette noble association s'ouvre à d'autres réalités, qu'elle incite ses membres à puiser de l'inspiration ailleurs. Il fallait sauvegarder la profession et « protéger les patients » selon la propagande admise.

C'était un mariage d'enfants.

Le Barreau du Québec allait plus loin encore en interdisant aux jeunes avocats de s'associer aux psychologues pour la pratique du droit matrimonial. Il fallait garder l'exclusivité de ces questions.

Un autre mariage d'enfants.

Mais, entre-temps et aujourd'hui encore, le syndicat de la FTQ incite ses membres à ne plus regarder le patronat comme un ennemi, mais comme un partenaire éventuel et à investir autant que possible dans l'entreprise qui les emploie.

C'est un mariage d'adultes !

Et pourquoi ces mariages d'adultes ont-ils cette vision constructive qui manque de toute évidence aux mariages d'enfants ? C'est que leurs membres sont engagés dans le vrai sens du mot, ils ont chacun la conviction personnelle de leur engagement.

Que dire de la grande question de nos jours : faire ou ne pas faire d'enfants ! J'ai relevé une réponse à cette question qui m'a touché profondément. Il s'agit d'une économiste, mère de trois enfants, qui a osé écrire dans le journal *La Presse* ce qui suit : « Je constate à quel point les médias mettent davantage l'accent sur la femme au travail que sur la famille en général... Faire un enfant, c'est une question de cœur (d'engagement) et non de raison (promesse). L'acte procréateur est un peu déraisonnable et demande le goût de se risquer : ce n'est pas chose facile que de s'assumer et de vivre tous les jours avec le produit de son union » On pourrait ajouter que l'enfant résulte d'un mariage d'adultes. C'est avant tout une question d'engagement, d'être capable de dire oui et d'en assumer toutes les conséquences. Car s'engager veut dire qu'on est prêt à subir ce qui va s'ensuivre. Mais cela n'arrive qu'à l'âge adulte, quand l'enfant en nous cesse de tout désirer et cède la place à l'adulte qui sait sauter à pieds joints dans l'aventure.

Pas demain, pas l'an prochain... *maintenant !*

À tous ces principes s'en ajoute un autre sans lequel l'engagement n'existerait pas : *l'action immédiate.*

J'emploie en réalité une expression française pour traduire tant bien que mal ce que les Américains nomment l'*immediacy !*

Certains ont dû être frappés en lisant les deux mots « action immédiate ». Ils ont dû se dire, en se voyant assis calmement sur leur chaise : « Encore une belle pensée ! Jean-Marc Chaput a beau dire : je ne peux quand même pas me catapulter dehors et aller régler tout de suite telle ou telle chose ! »

Mais ce qu'ils ignorent peut-être, c'est qu'en lisant ce livre, ils font bel et bien de l'*immediacy*. C'est déjà une forme d'action qui peut en amener d'autres.

L'*immediacy* *est un sentiment du moment présent et de toutes les possibilités qu'il comporte !*

Il ne s'agit pas de s'acharner à faire immédiatement ce qu'on ne peut pas *encore* faire, mais de *faire maintenant ce qui est à notre portée !*

En lisant le journal *Les Affaires* du 31 janvier 1987, je suis tombé sur un article étonnant qui reprenait en substance les idées mêmes de ce livre. Alain Lemaire, de la compagnie Cascades, y prodiguait ses conseils à ceux qui veulent se lancer en affaires :

« Bien s'analyser avant toute chose, écrivait-il. Se regarder à fond dans un miroir. »

s'aimer

« Recueillir l'accord de son entourage immédiat. »

aimer l'autre

« Effectuer une recherche de base, mais pas trop exhaustive, ce qui pourrait plutôt vous empêcher de démarrer. »

en mettre moins côté « tête » et davantage côté « cœur »

« Toujours tenir compte de l'imprévu ; il y en aura toujours. »

accepter la nature imprévisible de la vie

« Avoir une idée réalisable maintenant, pas en l'an 2000 ! »

suivre le principe de l'immediacy !

Combien de fois avez-vous remis à plus tard ce que vous pouviez faire *maintenant ?*

233

Ils veulent un traversier, et ça presse !

Il y a quelques années, les habitants de Matane, dans l'Est du Québec, demandèrent au gouvernement fédéral de leur fournir un traversier pour faire la navette entre les deux rives du fleuve.

On leur promit d'étudier la question.

Un peu enragés et impatients, les habitants firent pression sans plus de résultats.

Ils décidèrent alors de faire un geste *immédiat*. Ayant appris qu'un bateau-traversier était à vendre dans l'Ouest, ils ramassèrent les fonds nécessaires et l'achetèrent ; après quoi, ils relancèrent le gouvernement : « Ça y est, on a le traversier ! dirent-ils. Maintenant, on a besoin d'un quai ! »

Leur geste avait-il impressionné les « pousse-crayons » du gouvernement ?

Toujours est-il que, peu de temps après, le fameux quai était en chantier!

Voilà en quoi consiste l'*immediacy*, tel que vous pourriez le vivre à travers le quotidien, la vie sociale, la vie privée et dans toute chose en laquelle vous êtes engagé : en un sentiment du moment présent qui pousse à faire maintenant ce qu'on peut faire... maintenant !

Le docteur Bernie Seagal, oncologiste américain, a l'habitude de dire à ses patients atteints du cancer et pour qui, selon la science médicale, les jours sont comptés, qu'il y a quelque chose de pire que de mourir, c'est de ne pas vivre pleinement les derniers moments de la vie. Cette urgence du moment présent est celle qui presse les gens à agir immédiatement.

D'ailleurs n'est-il pas vrai que le *Journal de Montréal* a été fondé en quarante-huit heures ! Pourquoi ? Parce qu'à ce moment-là, le journal *La Presse* était en grève, et que le moment était propice à la création d'un nouveau journal. Mais il fallait le faire immédiatement. Combien d'entreprises ne sont jamais nées parce qu'on a hésité trop longtemps.

Rappelez-vous l'histoire du vieillard qui, dans son bégaiement, appelait le taxi qui passait à bonne allure. Il disait : « Ta...Ta...Ta...Tabarnouche, je l'ai manqué ». Ceux qui font les parades partout, ce sont eux qui commencent immédiatement.

Donner l'heure juste

L'engagement est radical par définition. Je dirais même qu'il s'agit d'une forme de folie amoureuse !

Et sa nature radicale vous amène tout naturellement à développer un esprit de franchise, à donner l'heure juste !

Quand on est engagé dans le vrai sens, on n'est pas porté à mentir aux autres ni à soi-même, quitte même à admettre une réalité qui nous désavantage.

Il y a longtemps, dans la Rome antique, on tuait le messager porteur de mauvaises nouvelles.

Quand le pauvre homme descendait de son cheval, avec une nouvelle catastrophique en poche, on lui faisait subir les pires supplices sans ménagement.

Des milliers d'années plus tard, en 1987, General Motors renvoyait l'Américain Ross Perrot, celui qui pensait briguer les suffrages pour la présidence des États-Unis, et on rachetait ses parts pour plusieurs millions parce qu'il avait eu le culot de clamer ouvertement ce qu'il pensait de la compagnie.

De nos jours, on n'exécute plus les messagers de « mauvais augure ».

On se contente, dans certains cas, de leur laver un peu le cerveau ou, en désespoir de cause, de leur montrer la porte.

235

Une enquête menée aux États-Unis démontre pourtant que le manque d'honnêteté et de sincérité est le plus grave grief auquel les Américains s'opposent dans notre société actuelle. C'est la chose qu'ils détestent par-dessus tout!

Pendant un discours que le président Bush prononçait devant l'Association des parents et amis des militaires disparus à la guerre, la foule (surtout des épouses et des mères), l'a interrompu en scandant à haute voix : « Dis la vérité! Dis la vérité ». Les gens avaient l'impression qu'on les avait trompés!

Mais combien d'entre eux et combien d'entre nous ont à cœur d'être sincères envers et contre tout? Sincères avec nous-mêmes, avec les autres et avec les faits?

Comment s'engager sur la base d'un mensonge ou même d'un pieux mensonge?

« La vérité, rien que la vérité et toute la vérité ! », disait Marcel Dutil.

Peut-être faudra-t-il se rappeler ce qui suit :

Les données ne sont pas les faits.
Les faits ne sont pas l'information.
L'information n'est pas la connaissance.
La connaissance n'est pas la vérité.
La vérité n'est pas la sagesse.

Toute décision, même celle de fonder une entreprise, même celle de devenir vendeur, basée sur les données et les informations recueillies, peut être déléguée à un autre.

Toute décision exigeant des données et des informations, mais en plus des connaissances, est une décision pour laquelle on peut former des gens intelligents qui sont capables de prendre des décisions.

Enfin, c'est dans le domaine de la vérité et de la sagesse que les décisons critiques se prennent. C'est là que l'engagement jusqu'aux tripes, que l'appel à l'intuition tarde, mais encore faut-il ne pas craindre l'heure juste qui mène à la sage décision.

Gardez le contrôle !

L'aspect *contrôle* a une importance considérable dans l'engagement. Juger de nos progrès, juger de nos réalisations ou du chemin parcouru, sont des choses que nous sommes amenés à faire à un moment ou à un autre.

Un jour, alors que Gaétan Boucher, le patineur de vitesse, terminait son tour d'entraînement sur la patinoire, le gars chargé de le chronométrer lui lança d'un air sceptique : «Tu pourrais faire mieux! La première fois, t'avais un bien meilleur chrono!»

La plupart des gens lui auraient fait avaler le chrono en question! Après tout, c'est bien facile de parler quand on tient le chrono et qu'on regarde l'autre se démener comme un diable sur la glace.

Mais Gaétan Boucher est demeuré silencieux. Il a tout gobé sans dire un mot et s'est contenté de reprendre l'entraînement.

Le gars au chrono avait dit la pure vérité. Et le patineur l'a acceptée *telle quelle*.

Atteindre l'excellence était son rêve le plus cher. Il ne reculait devant aucun contrôle! Il l'atteint lorsqu'il remporta les médailles d'or!

Mais l'aspect contrôle est malheureusement ce qui effraie le plus quand on parle d'engagement. Parlez-en aux gens qui suivent un régime sévère pour perdre du poids! J'en sais quelque chose ayant perdu il y a quelque dix ans plus de 35 kilos en trois mois. Je me souviens du moment le matin, seul dans la salle de bains, où je montais sur le pèse-personne! S'il indiquait une diminution de poids par rapport à la dernière fois, j'en descendais tout fier. Mais si, au contraire, il m'indiquait une

augmentation alors, j'en redescendais, réajustais l'instrument, y remontais le réajustais une deuxième fois. Piteux
alors, je me disais : « Ces machines électroniques, ça ne
fonctionne qu'à moitié. Peut-être que les piles sont trop
faibles. Ou c'est le plancher froid, ou trop humide, qui
influence la machine ! » Je m'élevais contre le controle du
pèse-personne. Pourtant, tout ce qu'il me disait, c'était la
vérité : quand tu bois de la bière et mange des arachides
le soir, le lendemain, l'instrument ne te donne pas ton
poids sans les arachides et la bière ; il le donne dans toute
sa crudité. Vous n'avez pas idée, par exemple, des absurdités que peuvent parfois vous sortir certains patrons à
propos de l'excellence de leur compagnie.

Il y a quelques années, je prononçais des conférences
aux États-Unis devant les embouteilleurs américains de
boissons gazeuses. Vous vous demandez sans doute comment on peut faire des discours sur un sujet pareil ? Moi
aussi ! Et c'est pourquoi j'avais mené une petite enquête
à l'avance auprès d'un gros embouteilleur de boissons
gazeuses. Je voulais en savoir davantage sur leur conception de l'excellence, leurs critères de qualité. « Ah !
l'excellence !, s'était exclamé le vice-président de cette compagnie. Ah ! vous n'avez pas idée de notre excellence !

– Mon Dieu, ça m'a l'air formidable... Qu'est-ce que
c'est ?

– C'est simple, dit-il. C'est *.0014*.

– Et ça veut dire quoi, *.0014* ?

– Alors là, tenez-vous bien. Ça veut dire que vous avez
une chance sur quatorze millions de bouteilles de retrouver
une « bibitte » dans nos bouteilles... »

Nous nous sommes regardés bien sérieusement. Son
sourire s'était figé. J'étais sûr qu'il me montait un bateau.

Mais l'homme était bel et bien sérieux. Ce chiffre
ridicule de *.0014* semblait tellement lui tenir à cœur qu'on
imaginait très bien l'employé surveillant le passage des

articles sur la courroie mécanique afin de glisser une mouche dans la quatorze millionième bouteille !

Une compagnie sérieuse ne laisserait pourtant pas passer les mouches. Et si, par malheur, une mouche apparaissait au fond de votre bouteille, elle ne chercherait pas à contourner le problème avec une histoire de *.0014*. Une seule chose importait aux yeux de la compagnie, c'est que vous, le client, *vous ayez bel et bien 100 % de votre boissons autour de la mouche.* Pourtant comme consommateur, ce que j'ai, c'est 100 % du produit contaminé par un insecte.

Un manufacturier américain commanda un jour une série de pièces à une compagnie japonaise, en spécifiant bien que le taux d'articles défectueux ne devait pas excéder trois sur mille.

Il reçut plus tard sa commande, emballée par paquets de mille dans de grosses caisses avec, en bonus, un petit sac à part contenant... trois pièces étiquetées « défectueuses ».

« *Cher monsieur*, expliquèrent les Japonais dans une lettre, *nous avons départagé les mauvaises pièces des bonnes, afin de ne pas nuire à la qualité de vos produits. Mais nous serions bien curieux de savoir ce que vous allez faire avec les pièces défectueuses...* »

L'Américain était tellement ébahi qu'il décida de consacrer un ouvrage au phénomène.

Ici même, au Québec, dans le comté de Roberval, se trouve une des meilleures fromageries au monde : celle de M. Albert Perron et de son fils Martin qui exportent vers l'Angleterre plus d'un million de livres de leur fabuleux cheddar.

En tournée dans ce coin de la province, un ministre de l'agriculture décida de faire un crochet pour assister à la dernière étape de la fabrication. Mais, quand il entra enfin dans la fromagerie, il était trop tard. L'opération était terminée.

Les conseillers du ministre étaient furieux : « Vous auriez bien pu patienter quelques minutes !, lancèrent-ils à Albert Perron.

– Si je vous avais attendus, répondit ce dernier avec un sourire, ...si je vous avais attendus, ce ne serait plus du cheddar Perron ! »

Auriez-vous été si ferme à la place d'Albert Perron ?

Sinon, c'est que vous n'êtes peut-être pas tout à fait engagé ?

ENGAGEZ-VOUS À 100 %.

ABC pratique de l'ESPOIR

Vous savez ce qui est à la fois merveilleux et à la fois terrible dans un certain sens ? C'est que nous pensons avec des mots !

C'est merveilleux parce que les mots mettent en forme des sentiments.

C'est terrible parce qu'il arrive aussi que ces mêmes sentiments se retrouvent ainsi limités, piégés, quand la langue se fait trop rationnelle.

À titre d'exemple, un mot qui, à mes yeux, recèle une immense signification : le mot *espoir*.

À écouter les gens, j'ai parfois l'impression qu'ils ne peuvent prononcer ce mot sans évoquer du même coup l'idée de *désespoir*. Vous les entendez dire : « Il faut espé-rer... » avec une boule dans la gorge, voulant dire par là qu'ils regrettent simplement de ne pas avoir la *certitude* de ce qui va advenir. L'espoir, pour eux, fait partie d'un vieux vocabulaire romantique et ils préfèrent de beaucoup le remplacer par le mot « probabilité ». D'ailleurs, n'est-ce pas ce mot espoir qui produit les miracles que l'on voit à

Lourdes et à Fatima? Cet espoir basé sur une foi profonde, cet espoir de guérir à tout prix, pousse l'organisme humain à se reprendre en main!

Beaucoup d'autres mots, y compris même le mot «cœur», qui a traversé toutes les pages de ce livre, se retrouvent ainsi amputés dans leur sens. Alors qu'en fait, leur signification dépasse de très loin celle que la plupart des gens lui donnent.

Ce qu'on appelle communément «espoir», bien loin d'être une belle promesse, est en réalité un esprit d'ouverture face à l'avenir.

L'espoir travaille dans le *concret*.

Ce n'est pas une fabulation consistant à sauter les années pour se voir riche, heureux, à la tête d'une entreprise, au sommet d'une carrière ou n'importe quoi d'autre. C'est un effort mental qui part de la réalité immédiate, celle que vous vivez aujourd'hui, pour l'*extensionner!*

Avoir les mains vides et s'imaginer à la tête d'une fortune colossale, ce n'est pas *extensionner la réalité*, mais se bercer au contraire avec une belle promesse. La perspective sera complètement changée si, au lieu de viser une somme astronomique, vous espérez simplement en *avoir plus*.

Être atteint d'une leucémie grave et se voir courir le marathon dans une forme superbe, c'est aussi en un sens une belle promesse. Viser une régression de la maladie, une amélioration de son état, c'est au contraire *extensionner la réalité*.

Ils n'ont plus rien à perdre, sauf la vie!

Je parle un peu en connaissance de cause. Ma femme a vaincu le cancer alors que les médecins la condamnaient. Et j'ai aussi le souvenir troublant de mes visites au centre Carlton-Auger de Québec où résident les patients atteints de cette grave maladie. Ils étaient une centaine devant moi. Une jeune fille de dix-sept ans arborant un bandeau sur la tête pour cacher sa calvitie. Un homme d'une cinquantaine d'années, portant au corps des marques de crayons rouges servant à la radiographie pour ne pas avoir à les remettre chaque fois qu'il devait passer devant le rayon. Des jeunes et des vieux qui, contrairement à beaucoup, semblaient n'avoir plus rien à perdre. Et à travers tout cela, pourtant, des regards d'une profonde intensité...

Ces hommes et ces femmes connaissaient mieux que personne la *valeur de la vie*. Ils avaient appris à vivre au jour le jour, à *extensionner la réalité*.

C'est dans la réalité immédiate, dans les moindres petites choses du quotidien, qu'ils puisaient non pas un réconfort, non pas un prétexte pour s'apitoyer, mais l'envie d'aller plus loin, *d'améliorer leur condition*.

Faut-il donc pour cela être gravement malade? Toute perfection s'atteint par la théorie des petits pas qui, à la longue, *extensionne la réalité*. Les Japonais l'ont trouvé. Ils ont même un mot qui le décrit : *Kaizen*. Quoiqu'ils ne nient pas les progrès réalisés par des percées majeures, ils croient et encouragent les petits pas qui, s'ajoutant les uns aux autres, en font de très grands. C'est ainsi que chaque année, dans ses boîtes à suggestions, la compagnie Toyota reçoit quelques 2,6 millions d'idées nouvelles, soit en moyenne 60 par employé par année. Elle en met 95 % en application. Certains impliquent des changements majeurs qui apportent de grandes améliorations. Mais la plupart sont très limitées. Pourtant, avez-vous pensé à multiplier par 2,6 millions une petite idée ? Le produit est gigantesque. Il est plus facile de trouver 100 personnes qui sauront améliorer de 1 % la production que de trouver la personne qui l'améliorera de 100 %. Les magiciens sont merveilleux, mais s'y fier à 100 % ne l'est pas. Si un des 100 employés a une mauvaise journée, il reste toujours 99 % des chances de l'améliorer. Mais si le magicien a une mauvaise journée...

L'âge d'or ou l'âge dort?

D'un coin à l'autre du pays, il m'arrive souvent de m'arrêter dans les associations de l'âge d'or pour y prononcer quelques conférences.

J'y rencontre des gens qui ont sensiblement mon âge, d'autres plus âgés et même très âgés et, dans leur façon de parler et de regarder les choses, je découvre parfois une attitude un peu mitigée face à la vie. Comme si *l'espoir* n'appartenait qu'à la jeunesse et que cette merveilleuse capacité d'*extensionner la réalité* s'estompait avec le temps.

Je dis cela sur un ton un peu déçu, car s'il est vrai que la vieillesse gagne du terrain aujourd'hui, il n'en est pas moins vrai que ces gens ont énormément de choses à apporter sur tous les plans, et qu'une société ne peut se passer de leur *engagement*.

Un certain Phil Latulippe, de la petite ville d'Ancienne-Lorette, décida un jour de prouver qu'il y avait de l'*espoir, que l'espoir était là, pour tous et à tout âge!* Pour cela, il eut cette idée folle de courir de Shawinigan jusqu'en... Alaska! Quatre mille deux cent quarante-six milles de distance, à raison de 40 milles par jour, 7 jours par semaine et 125 jours de suite! Il avait même engagé un jeune pour le suivre au volant de son auto. Mais ce dernier s'étant découragé, ce fut son épouse qui prit la relève. Et les époux continuèrent ainsi leur folle équipée jusqu'aux confins du Grand Nord.

Phil Latulippe avait 65 ans.

Son geste paraît si fou qu'on pourrait hésiter à le donner en exemple.

Mais je le donne.

Pourquoi pas? *Extensionner ses capacités!*

Une orgie de carottes !

En voilà un autre un autre exemple, peut-être plus sage : les carottes.

Les producteurs de carottes du Québec ont toujours fait face à un curieux problème qui est d'ailleurs le lot de beaucoup de cultivateurs : plus ils en produisaient, plus les prix baissaient et, quand les prix montaient durant l'hiver, ils n'avaient pas de quoi répondre à la demande. Telle était la réalité.

Sept producteurs de carottes décidèrent de l'*extensionner*.

Au lieu d'aller demander au gouvernement de « truquer » les prix ou, pour employer une expression savante qui revient au même « gérer l'offre », ils se mirent ensemble pour fonder la Société agricole des producteurs et emballeurs de carottes. L'idée était simple : trop de carottes en été ? Alors vendons-en à la Floride et à la Californie ! Pas assez de carottes en hiver ? Alors achetons-en là-bas et revendons-les ici ! D'un chiffre d'affaires de 130 000 $ la première année, ils passèrent sept ans plus tard à un chiffre d'affaires de 3 295 000 $, soit quatre cent mille sacs de carottes de cinquante livres !

Et, en passant, la SAPEC n'a pour fondateur qu'un seul Québécois, suivi par deux Français de Bretagne, un Français d'Orléans et trois Hollandais, tous producteurs de carottes !

Il y a énormément de choses dans le mot espoir.

C'est un petit mot aux allures anodines, mais qui renferme en réalité *tout ce qui est possible*.

Quel que soit l'aspect de la réalité, vous pouvez l'*extensionner* !

MAIS CETTE DÉTERMINATION À TIRER LE MEILLEUR DE LA VIE PASSE PAR VOTRE ENGAGEMENT À 100 % ! EMBARQUEZ-VOUS !

Épilogue

Aller au fond des choses !

Il y a quelque temps, aux États-Unis, on a fait enquête auprès de 3 000 étudiants pour savoir quelle était selon eux l'image du bonheur. La réponse de la grande majorité fut à la fois simple et surprenante. On est si accoutumé à voir le bonheur comme un summum en toutes choses, comme l'expression d'un désir extrême ! Alors que pour ces jeunes, il se résumait tout simplement à quatre petits mots : *atteindre des buts réalisables.*

Serait-ce la raison pour laquelle les gens sont plus enclins au bonheur avec l'âge et l'expérience des années ? Dans la mesure où ils auraient développé cette sagesse qui permet de distinguer, entre plusieurs buts, ceux qui sont réalisables et ceux qui ne le sont pas, ceux qui sont souhaitables et ceux qui sont néfastes ?

Mais la question peut s'avérer plus profonde : comment juger de vos buts sans avoir une certaine conception de la vie et des valeurs qui sont les vôtres ?

Il existe une vieille légende dont l'origine remonte aux Grecs de l'Antiquité. Elle raconte l'histoire étrange d'un homme condamné par les dieux de l'Olympe à rouler une lourde pierre au sommet d'une colline.

Mais soit que la pierre était trop ronde et la surface de la colline trop lisse, soit que les dieux s'amusaient au dépens du pauvre homme, toujours est-il qu'à peine hissée au sommet, elle dégringolait aussitôt jusqu'en bas. L'homme redescendait alors et recommençait, sans relâche, espérant toujours la faire tenir. Il n'aspirait qu'au repos éternel et n'avait qu'une idée en tête : réussir enfin la tâche que les dieux lui avaient assignée. Mais le temps passa, il n'y parvint jamais.

Et ce qui est étrange, c'est que jamais l'homme n'a remis en question la condamnation stupide qu'on lui avait infligée, jamais il ne s'est demandé : « Pourquoi suis-je ici à rouler cette pierre qui n'en finit jamais de retomber ? »

Une seule question le préoccupait : « Comment la faire tenir ? »

Il devint, en quelque sorte, prisonnier de son habitude.

Ce que je viens de raconter n'est autre que le célèbre mythe de Sisyphe sur lequel plusieurs générations de philosophes se sont penchées.

Je n'ai pas la prétention de faire toute la lumière sur ce grand mythe, mais j'ai le sentiment, en regardant les gens autour de moi, de rencontrer parfois quelques « Sisyphe », des personnes qui poursuivent des buts sans jamais les *remettre en question*. L'argent, le succès, la réussite en ceci ou cela, autant de choses qui peuvent être bonnes, mais qui ressemblent souvent à de vulgaires carottes comme on en tend sous le museau d'un âne pour le faire avancer.

« Ne donnez pas des buts aux gens, disait le président de la compagnie Apple. Dites-leur *quel chemin prendre...* »

Les buts sont importants, personne ne peut en douter. Mais ils n'ont aucun sens s'ils ne jalonnent pas les étapes d'un chemin.

Car la fin ne justifie pas les moyens ! Et une fois cette fin atteinte, la vie ne s'arrête pas pour autant.

La vie est un mouvement ! Elle réclame l'expression de votre cœur, chaque jour et dans chaque instant qui passe, l'expression de ce que vous avez de meilleur et d'irremplaçable en vous-même!

À l'enterrement de l'un de mes amis, sur le faire-part, se retrouvait, en quelques mots simples, le résumé du livre que vous venez de lire. Jacques Gagnon, fondateur des Caisses d'entraide économique, venait de mourir à bout de souffle, épuisé par des années de travail intense. Un demi-siècle de vie passionnée. Un demi-siècle à mettre en pratique cette pensée de Saint-Exupéry, qui allait devenir son épitaphe:

« Être un humain,

C'est sentir qu'en posant sa pierre

On contribue

À bâtir un monde meilleur! »

Quand posez-vous la vôtre, votre pierre?

Salut!

Jean-Marc